跟随主力资金获利秘籍

——擒住超级大牛股之行情分析进阶

GENSUIZHULIZIJINHUOLIMIJI

QINZHUCHAOJIDANIUGUZHIHANGQINGFENXIJINJIE

王韬 著

经济管理出版社

ECONOMY & MANAGEMENT PUBLISHING HOUSE

图书在版编目（CIP）数据

跟随主力资金获利秘籍：擒住超级大牛股之行情分析进阶/王韬著. 一北京：
经济管理出版社，2016.10
ISBN 978-7-5096-4568-0

Ⅰ.①跟⋯　Ⅱ.①王⋯　Ⅲ.①股票市场—研究　Ⅳ.①F830.91

中国版本图书馆 CIP 数据核字（2016）第 196352 号

组稿编辑：杨国强
责任编辑：杨国强　张瑞军
责任印制：黄章平
责任校对：王　淼

出版发行：经济管理出版社
　　　　　（北京市海淀区北蜂窝 8 号中雅大厦 A 座 11 层　100038）
网　　　址：www. E-mp. com. cn
电　　　话：(010) 51915602
印　　　刷：三河市延风印装有限公司
经　　　销：新华书店
开　　　本：720mm × 1000mm/16
印　　　张：11
字　　　数：173 千字
版　　　次：2016 年 10 月第 1 版　2016 年 10 月第 1 次印刷
书　　　号：ISBN 978-7-5096-4568-0
定　　　价：38.00 元

序

　　平生第二次为他人出版物而写些什么。记得上次是为收藏圈的朋友出版自己心爱的藏品而写了几句废话，今天是为王先生写的有关股市操作心得著书而又一次胡乱说几句。手上拿着王先生的样书，瞟了一眼电脑上的股市行情，真的有点力不从心，几次推托，可实在伤不了老朋友的情面。王先生虽然年轻，但能把自己的投资智慧与想法著书发表，拿来与大家分享，特别是王先生有自己的鲜明观点。

　　当下各类股市书籍很多，不管是什么样的投资理念或方法，希望能对广大中小投资者有所帮助。也希望王先生投资操作的案例丛书能为每个投资者提供的帮助。

　　最后，衷心祝愿各位投资者一切顺利。

2016 年 9 月 27 日

前言

亲爱的读者朋友，笔者通过十几年的投资经历深深体会到，投资股票，无论是 A 股、美股还是外汇和黄金等，无非需要三件事：一是丰富的临场经验；二是独特的分析视角；三是足够的耐心。与其他的如学历、出身都没太大关系。如果再总结成两个关键词，就是见识、时机。猪从来都是天天吃，而狼却耐心等待最好时机。投资要成功，必须要进化成狼，冷静、嗜血、慎独。

投资也是一场战争。兵者，国之大事，死生之地，存亡之道，不可不察也。人类在长期的进化过程中，天性上倾向于局部化和短视化，这是因为我们的潜意识处理信息的速度和频率有限，过多过快的信息量会被我们大量自主性遗失。所以，我们更加倾向于能够实现强烈目的性和方向性的重点思考及短视化决策。这样一来，针对投资决策而言，当我们（市场绝大多数人是这样的）都以重点性思考作为投资方法时，我们采取的投资决策就是喜欢按照最常见的两种行情分析方法，即追踪经济走势、财务报表的价值投资（传统的基本分析方法）或是追随经典 K 线组合形态的技术分析（传统的技术分析方法）进行买卖，而不考虑整个市场的情况和全球格局的变化。特别是部分人运用此套路攫取到部分利润后，我们更会坚信这种成功是可以复制的。实事求是地说，当我们可能还在关注或停留在寻求最有效果的 K 线反转形态，或者确认无误的内幕消息时，成熟的投资者们则早已从其他地方挖掘到丰厚的利润。这无关全职或者兼职，也无关学历，而在于我们思考的角度有问题。太多的人在股票市场上失败，不是与自身能力有必然关系，而在于思维方式出现偏差，败在观念。我们不能忘记 20/80 法则，按照科学的统计规律，我们应该知道，市场的超额利润必然因为众人的集体使用而灰飞烟灭。因而，我们需要另辟蹊径，追踪盲利，才是王道。

大众的盲点往往是超额利润的来源，是盲利。盲利才是盈利的王道。什么叫作盲利，别人不重视的，你需要格外重视；别人重视的，你要有所了解，这才是我们获胜的法宝。所以，投资要采用盲利模式。在别人都重视传统的行情分析预测套路时，仅仅关心国内市场和当下时，你应该把眼光投向远方，看到别人看不到的地方。

在现代金融体系中，自 20 世纪以来，一直存在一个叫作影子银行的机构，它的真名叫作日本央行。除了日本民主党执政期间执行的强势日元政策外，直至今日，日本央行一直执行的是弱势日元政策，拼命发行货币、拼命量化宽松、拼命降低利率，可以说就是把基准利率降为 0，乃至负利率。这是什么概念？原本是好意刺激本国经济，结果被动鼓励全球的游资从日本拆借资金，然后投入到其他国家更高收益的产品中。

据最保守估算，全球游资从影子银行拆借的资金规模在 1 万亿美元左右。我们要知道，有了这么一大笔资金，游资便能以此为抵押，从各国的金融机构拆借出更多庞大的资金，这便是杠杆的作用。外汇市场的杠杆率可达 100 倍，一般市场的杠杆率在 20 倍左右，这样计算，全球的游资规模按照最保守的算法也至少在 15 万亿美元。当然，这 15 万亿美元并非集中在少数几个机构，所以 15 万亿美元不会同时同步进入某一产品。但是，资金是具有趋同性的。当 15 万亿美元中的一部分资金发现了一个高收益产品时，那么接下来，剩余的资金会亦步亦趋，纷至沓来。也就是说，如果 A 股牵扯进来这 15 万亿美元国际游资主力，必定能够好风凭借力，送 A 股上青云！

本书就是这样一本教投资者跟随主力资金的实战书籍。与全球游资主力共进退，"风口来了，猪都能飞上天"。看清主力资金的走向，等到主力资金进入 A 股，我们要等的就是这个机会，这个机会对投资者而言就是无风险获利。比如 2014 年 11 月前后启动的这波行情，行情一启动就能确保"上车"，一直到 5000 点，随便一只股票的涨幅起码在两倍以上，无风险套利，不用操心，捂着就好。我们以此顺利搭上便车，跟随主力擒住超级大牛股，完成财富积累。本书中，笔者将采用具有全球视角的基本分析方法，以德债收益率、美债收益率、Shibor 利率和美元指数等指标判断 A 股行情性质，并以独创的技术分析方法"四象限行情定位分析法"，帮助你准确定位主力资金的基本进出路径和时机，探寻这些主力资金的进出路径和时机，正确进行行情分析，便是本书的主要内容。

　　本书适合刚刚进入股市的新手，同样也适合已经进入股市一段时间的老手用以开拓眼界、提高实战能力。虽然本书思路创新，但不会深奥难懂，过于复杂，笔者已尽力使内容更加通俗，最大程度地做到深入浅出，你只需要掌握必要的乘除加减即可，绝不会涉及专业人士所需的会计财务知识，或者是数量经济理论等专业知识，更不会涉及微积分、神经网络算法、α、β 等。本书将从基础起步，逐步提高你的交易能力，凡是可能过于复杂且无作用的内容全都被去掉。虽然笔者已经做到最大程度简化学习过程，但是如同体育比赛一样，你投入的精力越多，那么你从市场上获利也将越多。还有一些事情必须了解，笔者教给你的知识和方法只是第一步，最关键的是，你必须熟练加以运用才是最重要的第二步。告诉你的道理、方法都懂，就是不做。都知道好好学习，天天向上，奈何人懒，虽知不行，就没什么作用了，也浪费了笔者的一片苦心。真诚希望你能做到"知行合一"。

　　让我们一起约定：

　　（1）你能够认同，投资不是一种消遣或是赶时髦。投资是一份严肃的工作，是实现我们在这个世界能够获得最大自由的最好工具，需要我们全力以赴、认真对待。

　　（2）你清楚了解，一夜暴富是痴心妄想。但请你笃信天道酬勤，通过日积月累，最终能够实现财务自由，给自己更好的梦想，给家人更好的生活。

（3）你能够赞同，将下列这句话作为你的人生箴言：运动员不能带着口袋里的金钱奔跑，他必须带着希望和梦想奔跑。——埃米尔·扎托佩克，长跑运动员，奥运会冠军。

（4）最重要的一句投资真谛，请你务必熟记：投资是脑与脑的对抗，不是简单的线性逻辑产物，它是生与死、血与泪，它是兵者，大事也。

本书是笔者的第一部作品，也是本系列丛书的第一本，倾注了很多心血，希望它能对你有所帮助。当然，由于笔者水平有限，编写时间较为仓促，所以书中错误和不足之处在所难免。笔者的电子邮箱是2773197457@qq.com，欢迎广大读者朋友随时来信批评指正。

衷心感谢刘益谦先生，他能在百忙之中通览本书，并为本书倾情作序，令我终生难忘。非常感谢金才玖先生，他一直非常关心本书的撰写，提出了很多宝贵的意见，为了推动本书出版亲自牵线搭桥。非常感谢田泽新、徐光、胡庆锋三位先生，他们长期以来一直关心我的成长，对工作给予了许多有益的帮助和支持。非常感谢忘年之交田毅先生，他是投资界的一位隐士，很多真知灼见令我深受启发。

我还要特别感谢我的父母、女儿以及亲朋好友，感谢他们时时刻刻关心我、鼓励我、支持我，他们的爱是我不竭的力量源泉。尤其是我的父亲，他是一位智者，是我走入投资领域的引路人，他的许多思想和理念，能给人无限的思想空间。

最后感谢百度、网易、Investing.com、文华财经、迈博汇金等机构免费提供的各类新闻资讯及图表与说明。

王　韬

2016 年 7 月

目 录

第一章　基础知识

为了照顾不同水平的读者，我们先进入第一部分基础知识的学习，共同回顾股票投资的基本常识。相信如果你是投资老手，也会有所裨益，请不要错过。

第一节　股票和泡沫

什么是股票？股票涨跌的真谛是什么？低买高卖才是盈利的王道？必须通过查阅财务报表、观看 CCTV2 财经频道来了解宏观经济形势和产业变迁？或有可能的话需要向电视或者网络上的股评专家求取真经？

如果你没有解决好这些问题，或者还尚存疑惑，那么你离投资者的"圣杯"就相去甚远了。多年来，许多书籍或者专家表述的观点，看起来无比正确，实际上有很多判断是不对的。"我本眼明，因师故瞎"。让我们来正本清源，先从股票的定义出发。

经典的教科书这样定义股票，股票是股份公司发行的所有权凭证，是股份公司为筹集资金而发行给各个股东作为持股凭证并借以取得股息和红利的一种有价证券。每只股票都代表股东对股份公司拥有一个基本单位的所有权。但需注意，作为我们普通投资者投资股票，不是为了拥有上市公司的所有权或是股票的分红，关键在于股票价格的增值，也就是低买高卖产生的价差，即所谓的资本利得。

所以，从低买高卖这个角度而言，投资股票不复杂，而且很简单，就是一门生意。如同我们卖水果、卖棉花等一切生意，都是这样做的，低价进货，然后高价卖出。我们可以通过一个卖梨的小故事具体感受一下。

话说，中土某地的集市上只有一家卖梨的商铺，商铺的主人姓李，我们可以称他为老李。老李漂洋过海，知道中土的人没有吃过梨，于是就想着在中土做卖梨的生意，共从海外进回鲜梨 500 个，其中路上破损的有 100 个，品相丑陋的 100 个，有酸有甜。

可是，中土人普遍都没有吃过梨，不识货，刚开始没有人去买，生意萧条。老李很着急，于是想到一招，免费试吃。试吃也是应者寥寥。老李心里想，不要紧，总算是来了一个。我们姑且叫他小王。小王左看看，右看看，放到嘴里，半天才憋出一句话"好吃"。小王问："此物名甚？"。老李答："梨子"。小王又问："一个梨子几文钱"。老李言："一文"。小王闻之："便宜，来五个"。

于是小王便拿了五个梨回家，此时日头正毒，一推开门，都是宾客。原来此日是小王侄子过周岁，亲朋好友都来祝贺。一大家子围坐一起，正准备开饭，只听小王说道："我今日没想得到几个稀罕物，请大家尝尝"。于是便切开五个梨子，两三百宾客分而食之，还不知味便已下肚。食毕，忽闻一人言道："这梨稀罕，但还没尝到滋味，可惜可惜。我便再去买几个，大家意下如何？"于是应者云集。

话说两端。过了正午，日头尚毒，老李昏昏欲睡，正准备收摊，忽见二三十人过来，赶忙来迎。为首一人言道："这梨是你卖？"老李答："正是在下，两文一个，阁下需要几个？"那人又言："你唬我辈不识数，我家小王方才在你这一文一个，买了五个"。老李不慌不忙，说道："老哥，请看。刚才小王拿的是小梨，小梨不多，故而一文一个，乃做促销。一看阁下气度不凡，定是识货之人。我拿给你的这些梨，都是行货，皮薄肉多，两文一个真真不贵"。那人便言："看你也是老实买卖人，那给我们来50个"。老李便把那酸的带上甜的梨，一样一半打包齐整，那人便兴高采烈直至归家，众人蜂拥而至，继续分而食之，此时才觉味美，但忽酸忽甜，一人方得两口，随即悻悻然。

忽有一老者高声言："这分梨与分离同音，寓意不好。不如同去，人手一个，我们办一个食梨宴，留下一段佳话如何"。众人呼曰："甚好"。于是两三百人同去梨铺，喊声震耳欲聋。老李初闻，以为卖了酸梨，客人寻仇。定睛一看，原来众人喜笑颜开，心中便有了主意。带头的老者问道："此梨味道甚美，然为何时而酸爽时而甜润？"老李答曰："此梨又名开胃果，故而又酸又甜"。老者又问："我们想买300个，价格几何"。老李回答："实则剩余鲜梨150个，十文钱一个"。老者大惊："你这实属坐地起价"。老李不变声色："爱买不买"。老者向众人挥手："不吃也罢"。但众人蜂拥向前："食之，不贵"。疯抢。

第二天，老李刚一开张，着实一惊。门口黑压压，便有四五百人早已等候在外。原来城中之人都已经听说梨子味美，又酸又甜，稀奇无比。大家见到店铺开张，口中大喊："我买十个"、"我买二十个"、"我买五十个"，场面一片混乱。老李略一思索，取出店铺招牌，上书几个大字，"味美鲜梨，二十文钱一个，童叟无欺"。刚一放置案台，便听"嘘"声一片，便有数十人四下而散。但是随即又有人递补而买。不到半个时辰，老李剩余的 150 个好梨，尽数卖空，抢不到者怒骂，而问老李："何时进货？"老李喜而不言，返身回屋取出 200 个坏梨，尽数以二十文钱价格全部处理。未买到者又言："何时进货？"老李又出一招，剩余的梨以每个五十文的价格进行预售。

这之后的故事，就太多太多了，很多买到梨子的人看到预售价格已经涨到每个五十文钱，便也不吃了，以六十文钱的价格出售。买到坏梨的人，也同样以每个四十文钱的价格转售。还有没有买到梨的人，便四处网罗小个头的甜瓜，伪造成梨进行销售。行情大好，一时城内人人赚钱，但卖的人多，反而真正品其味、食其瓢的人少。最后，城里的长官知道了，原来卖梨都会如此赚钱。好了好了，那就实行专卖吧。

直到所有的梨烂掉，方才停息。最后大家想想，梨烂掉之前的最高价涨到多少？100、200 还是 300？最后还有很多很多的故事，比如卖梨都有行会了，都有中介了，中间还有很多血雨腥风、鸳鸯蝴蝶梦等"狗血故事"，请各位看官自行脑补。

这则笔者杜撰的小故事，看起来只是简单卖梨，刚开始只是一场经济泡沫，最后在大众的疯狂投机中，演变成了一场泡沫经济。我们一说到经济泡沫，可能就会联想到荷兰的郁金香炒作、法国的密西西比公司泡沫、英国的南海公司泡沫。这三大事件在历史上都被归结为少数骗子做局，政府监管不力，大众疯狂跟进，结果人财两空，经济遭到破坏而造成金融与社会的悲剧。但实际上，经济泡沫和泡沫经济是不同的。

经济泡沫的好处有很多，有利于资本集中，促进竞争，活跃市场，繁荣经济。例如证券市场的活跃，有利于加速通过发行股票、债券等金融工具，筹集资金，迅速扩大社会生产，刺激经济发展。再如，土地市场的活跃，有利于提高土地资源的利用率，还可以促进房地产业的发展，拉动经济增长。所以，只要控制在适度的范围内，适度的经济泡沫是必要的，也是有利的。只有当经济泡沫过多，过度膨胀，严重脱离实体资本和实业发展需要的时候，才会演变成空对空、虚假繁荣的泡沫经济。可见，泡沫经济是个贬义词，而经济泡沫则是个中性范畴。所以，不能把经济泡沫与泡沫经济简单地画等号，既要承认经济泡沫存在的客观必然性，又要防止经济泡沫过度膨胀演变成泡沫经济。

从 A 股历史上的几次大行情看，也是如此。刚开始行情止跌企稳，慢慢出现稳步回升，经济泡沫开始出现，市场交易逐步活跃，之后随着行情的逐步回暖，人气越来越高，吸引越来越多的资金开始入场抬庄，继而引发更大的资金入市，成交量迅速扩大。最后，经济泡沫过多，监管层逐步开始调控，获利资金也逐步接力抛售，直到泡沫破灭，重新进入下跌行情。综上所述，合理的经济泡沫有助于行情的形成，而最后形成的泡沫经济又演变成行情大跌，一图知全貌，我们来看一下，如图 1-1 所示。

这就是股票和泡沫的全部关系。

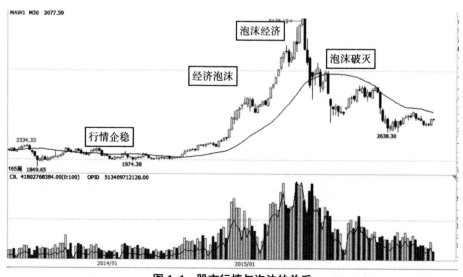

图 1-1 股市行情与泡沫的关系

第二节　投资的真谛

经济泡沫，乃至泡沫经济的实质，是供求关系出现了颠倒造成的，多贱寡贵。卖梨的供大于求，则梨越来越便宜；而卖梨的供小于求，则梨的价格水涨船高。

投资股票也是同样的道理。作为一名普通投资者，股票绝非是你行使股权的一种方式，你不必过于在意上市公司的分红。因为在 A 股分红收益实在可怜，投资必须赚取足够多的资本利得，也就是低买高卖产生的价差。我们必须想尽办法，在足够的低点买入，在足够的高点卖出，方能获利。

如何赚得价差？我们再来回顾一下卖梨的故事。请你不要从厚黑或者道义的角度去看这件事情，我们纯粹从生意的角度出发。在你没有梨的前提下，如何才能大赚一笔？我们可以设想，如果你知道大众买梨的行动即将爆发，资金即将疯狂买入，在二十文钱的时候，买下一筐梨，然后等大众都被鼓动起来，市场情绪被极度调动起来需要卖梨的时候，以六十文钱的价格在高位转手卖出，则能轻松赚取高达两倍的利润。

投资的真谛莫过于此。准确地把握市场情绪（预期）和资金进出时机（主力），做出正确的投资决策，随主力一起共进退，就是这样一个完美搭便车的过程。从历史上看，出色的投资家，多是从微薄的资金起步，搭上便车，牢牢把握一波行情，一战成名。在这里隆重介绍一位农民出身的亿万投资人——傅海棠，2008 年大蒜和棉花两战，1 年半时间从 5 万元迅速累积到 1.2 亿元。

猪从来都是天天吃，而狼则是耐心等待狙击。那些小行情、小波动，建议你留给别人操作。你能在股市成功的唯一法则，就是耐心等待经济泡沫的出现，在大行情到来之时，你能按时上车，重仓启程；在大行情结束之时，你能安然下车，满载而归。以最近的这次大行情为例，2014年 11 月前后启动，我们假设自己知后觉，3000 点进场，4500 点出场，个股一般涨幅在 2~4 倍，要是龙头热门股，一般涨幅都在 5 倍以上。你如果运气实在不济，也能够"打个平手"，起码不亏。再来看，2009 年前后的牛市，差不多是 2008 年 11 月启动，我们同样假设自己后知后觉，2000点进场，3000 点出场，个股涨幅同样也在 2 倍以上，赶上个别龙头股，涨幅超过 5 倍。

但是投资的真谛又从来不是能够简单掌握的。虽说投资并不需要很高的技能，但需要大智慧，需要眼界，很多事情就在你眼前，你要能够雾里看花。搭便车行情简单吗？不简单。你知道何时进场，何时出场吗？可能你又会说了，很简单啊，我们看每天股市的成交量不就知道了吗？成交量大，说明主力资金进入，成交量小，主力资金离场。话虽没错，但恐怕你会陷入线性逻辑的错误。具体分析一下便知，某个时点或者某个时间段，成交量增大，股票一定会涨吗？成交量缩小，股票一定会跌吗？你随便挑出一段时点分析，我们都是从后知后觉的角度看待，上述观点并非完全成立。A 股，包括世界其他各国的股市，当日成交量是包括买入量和卖出量合并计算的。这样一来，完全看不出当日买入量和卖出量到底有多少。再加上大量资金每天来回倒仓，根本无法直接推导出股票买入量和卖出量。

凡是走过，必能留下痕迹。既然我们已经知道经济泡沫的出现，必然带来市场预期和市场主力的变化，如果我们能够发现这种变化，分析出主力资金的走向和变化，我们就能掌握投资的圣杯，实现我们期望的与主力资金共进退。这就好比，如果主力资金此时流向了 A 股，我们便搭便车重仓买入，因为供小于求，有了大量资金的追捧股票会大涨。如果主力资金此时流出 A 股，我们便下车全部抛售，因为供大于求，没有了资金的关照股票会大跌。比如原先一文钱一个的梨子，突然一下子几百人都要买，自然涨到五十乃至一百文不是问题。但是突然一下子没人买了，没有资金支持了，从一百文重新跌回一文，也是情理之中。

当然，主力资金不会蠢到故意留下踪迹让我们探知他们的行踪。如果大众能够顺利得知他们的行动，这样他们建仓的成本就会被人为抬高，无法实现暴利。他们也将像一头好的猎物，轻轻扫除任何蛛丝马迹，悄悄地建仓，打枪的不要。我们要做一个好猎人，需要借助科学的行情分析方法，寻找主力的种种线索，系统思考、系统判断。通过基本分析，我们需要知道主力布局的踪迹，来了或者走了；通过技术分析，我们需要明晰主力何时来、何时走的具体时点，找出精确的买卖点。我们要将这一套路演变成庖丁解牛、得心应手。

对于大众而言，最好的方法是随大流、捂着、拿着，不翻 5 倍不出来。听起来好像没有技术含量，实际上并非如此，你不能见异思迁，看到别人天天交易就心痒，你要明白什么时候应该休息，什么时候应该重仓，什么时候要出货。交易不是目的，目的是将主力的踪迹牢牢把握住，方能把握伟大的投资真谛，赚大钱、赚大钱，还是赚大钱。

既然投资的真谛是分析主力资金的走向，那么就应该知道，以后看到任何新闻、消息等所见所闻，就要将各种信息联系在一起，要去想，主力会怎么看，主力会流向哪里？这样才能跟主力同时同步，跟主力的思维保持在同一水平。我们要承认我们的劣势，资金量少，信息量少。你最能够把握的唯一就是搭便车行情，主力资金一到，股票价格疯涨，才是赚钱的利器。不要做后知后觉者，主力在2000点进入的，你等到3000点都涨上去了才入场，那不是我们追求的投资真谛，你要做到跟随主力一同入场。

第三节　系统化的思维方式

思维方式决定了我们看待问题的方式，关乎我们的前途和命运。有一个统计数据很能说明问题。这么多年炒股的，大概的盈亏数据是，10人中8亏1赚1平。投资很难，所以请具备这个心理准备。这不是说投资方法有多难，要求我们具备什么技能。完全不需要，投资不是造原子弹，更不是解数学题，只需读过几年书，知道数字的四则运算即可。投资难在什么地方，难在我们看待这个世界的视角。

首先我们可以看，投资界的"大拿"——犹太人如何带徒弟。巴菲特、索罗斯带的是什么人，公开资料都可以查到。他们最后遴选出来的接班人也基本是犹太人。巴菲特、索罗斯，还有一些我们可能都没听说过的投资大家，我们可以看到市面有很多介绍他们的传记、投资方法，包括市场头条往往都是他们公开的演讲、发表的文章。这么多年来，大家可能认为摸清了巴菲特的脉门，学习他的价值投资，有些人学习了索罗斯的反身战法，还有很多人费尽心血学习了另外某些投资专家的"独门秘诀"，诸如此类。但是对于大众而言，看了跟没看一样，还是不会投资，因为核心机密他们只会传给徒弟，不会告诉我们。这就好比波音不会公布发动机的核心技术，可口可乐不会公布配方，微软不会公布源代码一样。

即便我们认为掌握了一些皮毛，主观上认为掌握了一种赚钱的方法，我们可能会发现，在投资实践中，由于不断固化这种思维模式和操作方式，普遍沿用一个大众认同的思维模式和操作方式，对行情的判断会陷入简单的因果误区。例如，基本分析者会认为是基本面的变化导致了行情的出现，关注的焦点放在了消息，陷入了消息炒股的误区；而技术分析者会认为是技术面的改善导致了行情的出现，关注的焦点放在了技术信号上，往往会因为骗线遭受损失。股市的涨跌却是循环反复出现，但历史的重演绝不是表相简单的重复。你在此行情成功的经验，放在彼行情中却有可能惨遭失败。为什么市场中成功的投资者凤毛麟角呢？关键在于大多数人习惯性的线性思维把旧知识、老手法用错了地方，过于专注到皮毛，而忽略了皮毛之下的投资真谛——市场预期和主力资金。

事物都是普遍联系的。图 1-2 是一幅漫天星空图。如果你能瞬间专注到几颗不一样的星星，比如左侧上方的星星最亮，说明你已经具备投资的

图 1-2　漫天星空

潜力了。然后呢？然后你还会联想到什么？看到星星只能说明你的线性思维非常棒，但是投资实际上是一个系统的工作，你实际上需要将各种线索联系到一起，还原出市场预期和主力轨迹。

比如，你看到这样几则新闻或者消息，会如何判断？欧洲债券收益率暴跌、美国卡特彼勒公司日前宣布裁员、中国宣布沪港通成功，看起来这几则新闻就像天空中的星星，虽然有几颗看起来很亮，但没有什么特别。看起来无关紧要，互无关联，但是具备系统思维的人就看到了。你看到的只是漫天的星辰，他们却将一点点的蛛丝马迹整合在一起，慢慢拼凑出市场预期和主力资金的全貌，最终看到的却是如图 1-3 所示的周天灿烂的星座。

图 1-3 周天星座

投资是一项需要我们发挥主观能动性的工作，是一份系统性的工作，是脑与脑的对抗，是心智与心智的对抗，要靠自己发现盲利模式。很多新闻都报道过，太多太多的高才生进入股市都会血本无归，核心在于他们无法在股市里运用系统思维。大家觉得现在什么钱最好赚？房地产赚钱大家就做房地产，做餐饮赚钱就做餐饮，服装赚钱就开淘宝店。这都是赚钱的线性思维模式，我们不否认在其他行业里，什么赚钱就做什么，但这种逻辑不适用你的投资。

投资不是简单地做土豪，找一块地，盖个房子就能发财，大家偷懒照着做就行。投资依靠的是方法，核心在于思维模式。"欲练此功，必先自宫"。绝不是玩笑话，愿你早日"宫"掉机械的线性思维模式，我们一起学福尔摩斯，发现投资的真谛，真正自己想想很多事情，看星星也能够汇聚到星座上，那么你离成功之路就近在咫尺了。

第二章 正确的基本分析方法

第一节 传统基本分析方法对背离束手无策

当我们刚刚开始进入股市，很多时候，我们不是一个投资者，而是一名经济学家或者说是财务管理专家。我们依靠各种方法，包括小道消息，对宏观经济和上市公司盈利情况进行预测。部分机构投资者，甚至创造了大量数理模型，将历史的经济数据、财务数据，根据数学公式和复杂算法，演算出未来可能出现的各种预测结果。这些预测结果有的被当作核心机密存封起来，有的则被公布于众。大众便根据这些不同的预测结果，综合自己的臆想，做出相关投资决策。多数情况下，大众采取的投资方法是这样的：通过机构或者我们自身对宏观经济和上市公司盈利情况等基本面的预测结果，如果基本面情况良好，就买入；如果基本面情况恶化，就卖出。基本上99%的分析是这样完成的。这一原理非常简单，但为了强化这种基本分析方法的真实无伪，各种复杂的演算、专业人士的解读和书籍的普及，使得大众完全沉浸在线性思维的预测之中。

所以，一时间我们看到市场中大量天然具备经济分析技能的经济学家，无论是什么学校毕业，从业几年，战果如何，只要懂得几个财务指标、经济数据，便能从各个角度进行解读，都能成为各种阶层受人欢迎的座上宾，反正大众都是依靠这个逻辑投资。炒得好，说明对经济数据或财务报表挖掘得深；炒得不好，说明学艺不精，同志仍需努力，还得继续下功夫。不过没关系，他们不会抛弃你的，因为大家都靠这种分析方法，属于同一战壕的战友。其实，这种逻辑的前提，我们只要稍微动些脑筋便会明白。如果投资只需依靠这么简单的方法就能发财，那么我们国家每年毕业的经济学科 50 万的毕业生都将迅速成为百万富翁、千万富翁，乃至亿万富翁。

实践证明，要想成为一名好的投资者则是难上加难。初学者总认为自己很聪明，市场走势一定会与预测的经济走势一致。但现实的情况是，市场行情并不总是由于基本面良好，就会上涨；基本面恶化，就会下跌。市场往往与宏观经济走势相背离，这就是传统基本分析方法无法解决的悖论。

第一种背离，即宏观经济良好，市场走势恶化。例如 2011 年 5 月 11日官方公布的 4 月经济数据非常好，虽然出现通货膨胀的苗头（CPI 达到 5.3%），但经济趋势依然向好：CPI 同比上涨 6.8%；新增信贷 7396 亿元；出口数额刷新历史纪录，达 1556.9 亿美元，同比增长 29.9%；上市公司一季报显示，一季度共实现净利润 5158.5 亿元，同比增长 25%。市场普遍认为，经济从中长期看向好。如果以此作为买入依据，大多数人都将在高位价格"站岗"。从图 2-1 中可以看出，自"五一"小长假以来，市场从 2453 点持续暴跌至 1900 点。只有那些深谙投资真谛的投资者才能继续满怀希望，不去理会市场绝大多数人的肾上腺素刺激，继续空仓耐心等待。

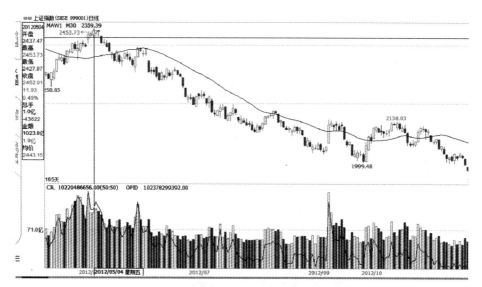

图 2-1　宏观经济良好，而市场走势恶化

第二种背离是宏观经济恶化，市场走势良好。从 A 股的历史经验上看，此处背离的根源多来自政府的"救市（托市）行为"。例如 2009 年上半年，中国股市的一波快速上涨行情，并非源于经济内生增长力量的拉动，而主要是政府四万亿元经济刺激计划带来的巨额资金和良好预期推动的。如果我们固守基本面恶化，股市就会相应下跌的看法，持币空仓，那么就会错失良机。

值得注意的是，这种背离行情，一般持续时间不长。从 2009 年 2 月超过前高算起，到 2009 年 7 月底，这一波行情持续的时间满打满算只有 6 个月。当然，最近的 2014 年的这一波行情也属于此种背离，2014 年下半年之后我国的经济状况一直不佳。从图 2-3 可以看出，从 2014 年 11 月中下旬超过前高算起，到 2015 年 6 月中旬，本轮行情持续的时间满打满算也只有 7 个月。

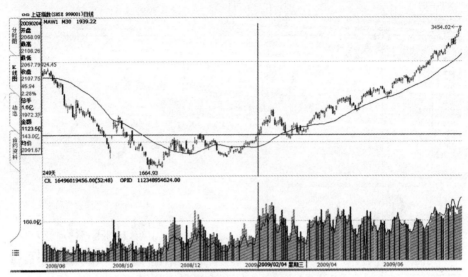

图 2-2 宏观经济恶化，而市场走势良好

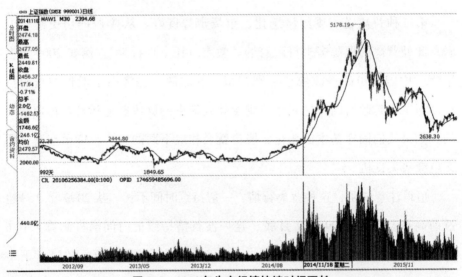

图 2-3 2014 年牛市行情持续时间不长

所以，如果我们能够判断出基本面已经与市场出现这种背离，那么就能事先明晰这种背离行情的规模大小，以便我们能够提前做好准备，保住利润、到点出场。这就好比我们乘车从北京出发驶向承德，知道行程大概

4 小时，那么即使我们一直在路上打盹，那么 3 个小时后，我们也知道即将到站下车。在股市中，到站却没下车的后果是什么？只能说你命里无财，有缘无分。所以，清楚了背离的行情性质，你就知道到点就要下车、满载而归。

两种背离就是明证，宏观经济形势等基本面的好坏绝对左右不了市场走势，绝非是市场走势好坏的直接原因。至于什么是市场走势好坏的成因，自有股市以来如盲人摸象，各执一端。这中间隐藏了太多的秘密，让我们一起来努力，探寻之。

第二节　传统基本分析方法对共振后知后觉

大众往往过于自大，总想捕捉每次行情，尽善尽美。很多人认为万物皆可计算，很多人认为只要试错次数足够，便能有效对治。但市场一直在变化，很多情况下，大众对行情的判断存在误区，后知后觉。对行情的正确认知才是我们成功的重要因素，共振的行情有如下两种：

第一种共振是宏观经济良好，市场走势良好，持续时间漫长。比如 2006 年的情况大体如此。在这种共振影响下，一般会出现特大牛市，持续周期会很长。可惜这种共振大牛太少，A 股 20 余年中，只有 1996 年、2006 年两次共振牛市。1996 年这波行情，约在 1 月启动，持续到 1997 年 5 月，然后因为亚洲金融危机戛然而止，持续时间长达 17 个月。2006 年这波行情，大概从当年 10 月启动，一直延续到 2007 年 10 月，然后也是遇上了一场次贷危机。大牛市往往紧接着就是大危机、大熊市。当然，我们可以认真思考一下，为什么 A 股但凡有点大行情就会碰上大危机，这难道真的只是巧合?!

我们以 2006 年这个案例来说明共振。2006 年国内经济形势基本为经济继续保持着旺盛的活力，在投资、消费、进出口三大需求的强劲拉动下，经济增长速度进一步加快，经济效益进一步趋好，市场物价基本稳定，国际收支顺差较大，呈现出"多、快、好、稳"的特征。在实体经济较快发展的同时，股市为代表的虚拟资本市场异常活跃，形成了实体经济与虚拟经济同步繁荣的新格局。宏观经济形势总体上是向好的。再回到上证指数，从图 2-4 可以看出，从 2006 年 10 月越过前高算起，整个大牛市总共持续了 1 年时间。

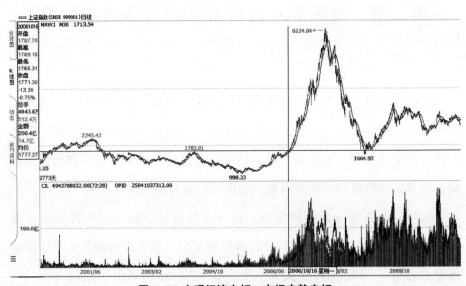

图 2-4　宏观经济良好，市场走势良好

在第一种共振中，大众常常表现出对大牛市的后知后觉，对行情进行误判，在行情结束前提前下车，过早交出盈利盘，获利较少，甚至损失。

发生上述情况的原因主要有三：

第一，对成功的恐惧。心理学家把这种心理称为"约拿情结"，实质上代表的是一种在机遇面前自我逃避、退后畏缩的心理。大众往往在前期遭受过重大损失，或者长期无法盈利，对突然出现的行情机遇往往缺乏自信，过早抛售。需要特别指出的是，部分人抛售股票后，又在患得患失中幻想等待行情出现回调，甚至希望破灭后直接在高位再次接盘。

第二，对失败的恐惧。这主要表现在首次入市的散户们，"初生牛犊不怕虎"。所以他们不会感到割肉套牢的害怕，甚至因为过于渴望赚钱，恐惧失败，失去应有的谨慎态度，频繁进行短线交易。特别是依靠大行情获利后，采取了比平时更激进的交易决策，或是投入更大的本金，造成高位套牢。

第三，方法有误。大牛市的行情由于持续时间较长，在这期间宏观经济形势和上市公司基本面不可能一直稳步向好。大众往往听信基本面决定市场走势，在负面消息公布后过早交枪离场，只能在旁遗憾踏空。

第二种共振是宏观经济恶化，市场走势恶化，持续时间漫长。例如2007年8月之后波及世界范围的次贷危机，就造成了全球经济、股市同步下跌，严重拖累A股。在这种共振影响下，出现特大熊市，急剧暴跌。从图2-5可以看出，市场从2007年10月暴跌至2008年10月结束，整整持续1年。

在第二种共振中，大众常常陷入大熊市的陷阱，对熊市持续时间进行误判，误认为熊市很快就会过去，继续下跌空间有限，而过早入市抄底。特别是在没有充分完全释放空方动能和势能前，市场在下跌中的反抽动作，被大众当成止跌信号而去过早抄底、深度套牢，造成重大损失。

综上所述，宏观经济与市场走势并非只是严格的、单一对应的线性关系，而是背离、共振两类共计四种关系。这四种关系不只存在于国内的A

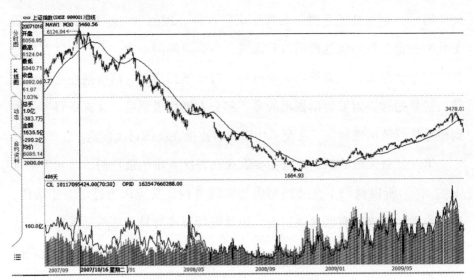

图 2-5　宏观经济恶化，市场走势恶化

股，对于港股、美股等均能适用。当然也同样适用于公司基本面与个股走势。按照上述背离、共振的逻辑，你也可以自行分析公司基本面与个股走势的四种关系，方法如表 2-1 所示。

表 2-1　宏观经济状况与市场走势共振背离关系

	大盘走势好	大盘走势差
经济好	共振	背离
	做多，持续时间长	做空，持续时间短
经济差	背离	共振
	做多，持续时间短	做空，持续时间长

必须强调，虽然经济状况与市场走势不是因果关系，但在两种共振关系中，二者互相扶持，存在助涨助跌的关系。市场的本质是制造预期，简单地说，宏观经济状况好，预期好，会吸引更多的资金涌入，对大盘有助涨的作用；而宏观经济差，预期下降，盘中的资金会涌出，对大盘有助跌的作用。

所以当你了解了这四种关系后，就好比乘车时拿到一张时刻表，何时上车、下车大致应该有直观上的判断。

第三节　正确探寻主力之综述

授人以鱼不如授人以渔。很多朋友劝笔者不用写这么多思维方法和逻辑，这些都是核心机密。笔者也知道，可能大众不会沉下心去认真研读，更多的人更关心的是预测明天是涨还是跌，有没有什么内幕消息，最好能够一夜暴富，实在做不到一夜暴富也能一月暴富。总之就是来钱要快。

可惜偏偏市场就是这样，你越要钱来得快，越是什么都得不到。股市是典型的趋利避害的地方。笔者提醒大家的是，笔者所写皆为常识。常识看起来貌似核心机密，但是真正想一想，就在大众眼前，只不过大众视而不见。为什么看不到，因为内心的恐惧与贪婪，不能利用方方面面的线索还原出事物的本源。当然，投资也要讲究时机，这一点跟做生意一样。生意好的时候就多做一点，生意不好的时候就休息，这就是趋利避害。偏偏很多人要去反常识，在市场中进行逆势操作。不是自己的钱不要去赚，不要贪心别人赚了多少，笔者提醒大家的是无风险赚傻钱的方法，耐心等待一波大行情至少赚 5 倍，其实算算，不比别人少。关键是什么，有恒心，有耐心，既能静如处子，不是自己的行情不抓；又能动如狡兔，大行情一来，毅然抓住。这才能赚到大钱。

如何赚大钱，我们依靠基本分析探寻主力资金的轨迹，看清主力资金的走向，等到主力资金进入 A 股，猪一样的股票都能飞起来，我们要等的就是这个机会，这个机会对大众来说就是无风险获利。比如 2014 年 11 月前后启动的这波行情，行情一启动你就能确保上车，一直到 5000 点，随便一只股票的涨幅起码 2 倍以上，无风险套利，不用操心，捂着就好。那么这个简单的道理要实施起来，不容易。这是什么，这就叫作盲利。别人都是天天在股市里奔波，今天赚明天赔，你要做的是，要么不炒股，要么就是 5 倍利润。一定要有这个信心。

所以，主力资金在哪儿，向哪儿流动，他们的运行轨迹是我们要研究的首要问题。首先我们看主力资金主要包括哪些。如果你有过一段时间的投资经验，你必定清楚，就国内而言，主力资金一般是指机构投资者，例如中央汇金、社保资金及国字号的基金公司，这是第一梯队。其次是国内庞大的民间资本，这是第二梯队。必须注意的是，我们需要认清一个现实，作为第二梯队的民间资本，虽然资本雄厚，但因为体制机制的原因，往往单打独斗、过于分散，行情到来后很长时间才会布局建仓，因而同样属于后知后觉型资金。所以，实际上只有第一梯队，也就是国家掌控的机构投资者，他们属于先知先觉资金。当然，他们是不会告诉我们何时建仓的，所以我们要用心寻找其命门所在。

如果深入研究机构投资者的流动资金，我们会发现解决问题的关键。我们在计算他们的流动资金时，需要考虑极限情况。在 2015 年上半年的股灾中，在国家的支持下，基本上机构投资者最大规模可调动的、可流动的资金大概在 3 万亿元。那么如果是在平时，大概手中的流动资金也就在 5000 亿~8000 亿元。让我们再来回顾一下，A 股的市值是多少？我们选取上一波牛市的起点。根据上交所数据，截至 2014 年 10 月 31 日，沪市总股本有 2.69 万亿股，总市值达到 18.10 万亿元，平均市盈率 11.81 倍。深交所 1604 家上市公司，总市值为 11.95 万亿元，平均市盈率 31.99 倍。这意味着，截至 2014 年 10 月底，两市的总市值达到 30.05 万亿元。国内的主力资金平时在 5000 亿元，2014 年 10 月、11 月，经济层面波澜不惊，没有任何大事发生，国家不会调用资金去给汇金等主力，那么也就意味这 5000 亿元流动资金去撬动 30 万亿元的盘子，使得大盘从 2000 点开始上涨，你觉得可能吗？

如果我们排除传统基本分析方法的影响，你会发现，这个问题很好回答。在正式揭晓答案之前，让我们回顾一下历史，是为了更好地探寻未知。让我们再次将时点拉回至 A 股初期。1996~1997 年，伴随着热钱开始试探性地进入中国，并且从海外引进了大量股票书籍，直到这时，传统的基本分析方法才开始成为市场主流投资理念。市场上开始普遍热炒深发展、四川长虹、深科技、湖北兴化等龙头股，当时这些股票均为业绩极佳的绩优成长股，在这些股票的带领下，股指重新回到 1500 余点。

值得注意的是，那么在传统基本分析成为市场主流投资方法之前，前人是如何赚钱的呢？1990 年上海证券交易所正式开业以后，挂牌股票仅有 8 只，人称"老八股"。当时股指是从 96.05 点开始的，历时 2 年半的持续上扬，终于在取消涨跌停板的刺激下，一举达到 1429 点高位。我们再看一例，1992 年股市还没有扩容，股指从当年 11 月的 380 点左右，到 1993 年 2 月 16 日的 1558 点，只用了 3 个月时间，大盘涨幅高达 303%，这种行情让海外投资者都羡慕不已。从 1994 年下半年开始，股市的大扩容开始，伴随着新股的不断发行，上市公司数量急速地膨胀，上证指数也逐步走低，进而在 777 点展开长期拉锯，后来 777 点位失守，大盘再度一蹶不振地持续探底。到 1994 年 7 月，股指再次回到 300 余点。这说明什么？没有主力资金的推动，任何方法希望助推股市上涨都是空谈。这就是命门所在。

　　既然我们已经知道，主力资金的巨大作用。那么我们仍然回到 2004 年 11 月，继续探寻主力的奥秘。2004 年 11 月，市场开始稳步上扬，此时除了国内第一梯队资金的推动，这时第二梯队民间资本是不可能这么快上车参与的。那么是否可以断定，有一笔大额资金这时候从海外悄悄入市，助推市场。如果是，它们到底会是谁？

　　在回答前，请教你一个小问题。假如你手上有 30 万元余钱，你会用来干什么。保守一点的，会存在银行，一年期的银行利率 1.5%，你存进了 10 万元，稳稳赚取每年 1500 元。接着，你看到建行推出了一款理财产品，年化收益率达到 4.5%，你有点动心了，又投入了 10 万元，这样一来，一年过后，就能赚得 4500 元。你又听隔壁的王阿姨说，有一款 P2P 的产品，年化收益率高达 20%，虽然风险很高，但是这么高的收益，你忍不住又投入了 10 万元。

　　就是这样，世界上就有一群机构，一大笔资金，或者我们也可以称它们为游资。当然，它们有一个更好听的名字，叫作热钱。与你一样，这群游资也在到处寻找高收益产品，期望获取更高收益。但与你不一样，它们的资金量大得惊人，可以深入到世界各国，选择的市场和产品更多。

　　这群游资的规模到底有多大？在现代金融体系中，自 20 世纪以来，一直存在一个叫作影子银行的机构，它的名字叫作日本央行。除了日本民主党执政期间执行的强势日元政策外，直到今日，日本一直执行的是弱势日元政策。什么叫作弱势日元，就是拼命量化宽松，拼命降低利率，可以说就是把基准利率降为 0，乃至负利率。这是什么概念？原本是好意刺激本国经济，结果被动鼓励全球的游资从日本拆借资金，然后投入到其他国家收益更高的产品中。

　　那么根据最保守的估算，全球游资从影子银行拆借的资金规模在 1 万亿美元左右。我们要知道，有了这么一大笔资金，游资便能以此为抵押，从各国的金融机构拆借出更多庞大的资金，这便是杠杆的作用。外汇市场的杠杆可以达 100 倍，一般市场的杠杆率在 20 倍左右，这样计算，全球的游资规模按照最保守的算法也至少在 15 万亿美元左右。当然，这 15 万亿美元并非集中在少数几个机构，所以 15 万亿美元暂时不会同时同步进入某一产品。但是，资金是具有趋同性的。当 15 万亿美元中的一部分资金发现了一个高收益产品，那么接下来，剩余的资金会亦步亦趋，纷至沓来。那么也就是说，国内区区 5000 亿元流动资金撬动不了 30 万亿元的盘子，如果牵扯进来了这 15 万亿美元游资，必定能够好风凭借力，送 A 股上青云！

与全球游资共进退，认真探寻主力资金的进出路径，就是我们基本分析的全部目的和内容。我们才能以此顺利搭上便车，完成财富积累。

第四节 正确探寻主力之德债收益率的秘密

听其言，观其行。我们要知道每个个体的行为都受制于这个个体成长的背景和学识，最重要的是受制于这个个体的文化，不同的文化造就的个体会不同，不同的个体所产生的行为差异也必然巨大。这就好比，自小生长在美国的华人只能称之为"香蕉人"，因为他们从小就被灌输美国的价值观，虽然是黄皮肤、黑头发，但是与我辈的文化教育不同，自然所思所想有异，其行为举止也必然不同。

所以，这么庞大的 15 万亿美元游资，一部分来自欧洲，一部分来自华尔街，另一部分则来自新兴市场。每笔游资背后都会有一个操盘手，听其言、观其行，我们就要从操盘手的文化背景出发，探求游资的操盘手法和行踪规律。

从文化讲，欧洲人一直强调的是平和及均衡。所以，我们来看欧洲的发达地区，也就是西欧和北欧地区的人过得都很悠闲。至于南欧这种国家，虽然经济恶劣，但长期以来的这种高福利，造成了希腊等国的人更是如此。所以，我们实际看，欧洲其实没有什么泡沫，你看他们的股市，以法国和英国为代表，长期以来都是一个慢，慢牛或者慢熊。因为整个文化决定了操盘没有那么凶狠和贪婪，资金长期以来没有太大流动，所以这个区域产生的游资或者说热钱较少。

但是，2008年欧洲爆发的债务危机，迫使欧洲本土大量资金开始逃离母国，向外扩散。因为资金天然会去避险，去寻找最为安全的地方。这些资金首选的就是欧洲的天堂——德国。为什么聚集到德国呢？德国的经济结构决定了德国连续多年产生大量高端外贸盈余。德国2014年外贸出口额更是再创新高，约合人民币80277.02亿元，贸易顺差全球居首，在整个欧洲债务危机中一枝独秀。从德国股市走势就可以得知，大量避险资金是如何青睐德国市场。在图2-6中可以看出德国股市的情况，从2009年的相对低点到近期高点，涨幅高达2倍。

我们可以再来对比一下相对而言在欧债危机中还算屹立不倒的英国，图2-7中的英国富时100指数，同样从2009年的相对低点到近期高点，涨幅仅有1倍。

一般而言，作为大额资金投资的产品无非是房地产、债券、股票。众所周知，中国的资金大多集中在房地产市场，而美国的资金大多集中在债券市场。所以，我们也可以这样理解，房地产市场、债券市场和股票市场

图2-6　德国DAX指数涨幅情况

图2-7　英国富时100指数涨幅情况

成为三个巨大的资金池，吸引不同的资金来涌入。虽然，我们无法精准统计聚集到德国的避险资金的确切数金额，但既然全欧洲的流动性大多都在德国，那么只要能够从德国的房地产市场、债券市场和股票市场波动中发现异常，就能大致推导资金进出的变化规律。

通过笔者持续的跟踪，这种异常发生在债券市场比股市要更加明显。因为股市的盘子大，又受制于其他因素，其涨跌无法精确判断资金进出的时机。但是债券市场不一样，其中的国债收益率往往能够说明并在一定程度上预示了资金的精确流向。那么，我们就可以得出如下结论，德国国债收益率暴跌，意味着避险资金大量进入德国形成巨大买盘，买盘增多会继续推高国债价格导致国债收益率下行。反之，当避险需求减弱时，卖盘增多国债价格下跌则会导致国债收益率上行。所以，只要德债收益率出现明显变化，就意味着欧洲的主力资金出现异动。

我们仍然以 2014 年 11 月的 A 股行情为例进行分析。首先我们来看图 2-8，来源于 Investing.com 的德国 10 年期国债收益率的周线图。

图 2-8　德国 10 年国债收益率周线

从图 2-8 中可以得知，从 2014 年至 2015 年 4 月，德国 10 年期国债收益率实际上一直暴跌，说明主要避险资金不停流入德国，并没有大量出境。那么，A 股 2014 年的大行情实际并非有太多欧洲游资的参与。所以，这也说明 A 股此时行情可能不会太大，持续时间不会很长。

同时，另外的秘密也隐含在德债收益率图形之中。我们这里先补充一点，做多市场的方式。做多一个大行情具体而言有两种方式：第一种是追涨，即在高位买入后，在更高处卖出；第二种则是在底部建仓，在高处卖出。这样一来，如果按照第二种方式把债券收益率持续推高，就会打压形成债券价格的底部低点，形成巨大的做多良机。比如，如果 A 股市场被打压到 500 点时，主力会怎么抢？一定会入场加仓。2015 年 4~6 月，德债收益率开始反转暴涨，形成了德债巨大的价格底部，你会认为此时在 A 股已经获利的资金会如何看待，自然是从 4500 点的高位逐步平仓，然后疯狂抢购德国国债。世界早已是平的了。待到资金从 A 股撤回德国后，接下来，德债收益率自 2015 年 6 月又重启跌势，而 A 股也从同一时点开始暴跌。世间事情哪有如此巧合。

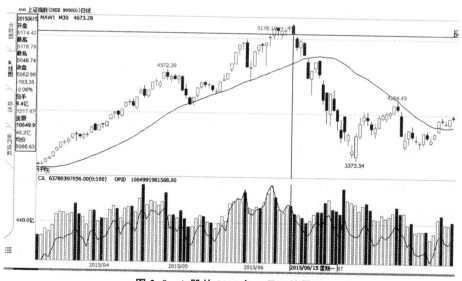

图 2-9　A 股从 2015 年 6 月开始暴跌

直到今天，欧洲的游资仍然齐聚在德国，未来几年这个趋势都不会发生变化。德国 10 年期国债收益率的变化，你真的不能忽视。

第五节　正确探寻主力之美债收益率的秘密

既然本书的定位是普及性质，我们需要利用公开信息，才更有说服力。很多概念和常识，实际上利用便利的百度都可以得到。在百度，是这样介绍美国国债市场的："美国国债（U.S. Treasury Securities），是指美国财政部代表联邦政府发行的国家公债。根据发行方式不同，美国国债可分为凭证式国债、实物券式国债（又称无记名式国债或国库券）和记账式国债 3 种。美国国债市场是全球规模最大、流动性最高的市场。美国当前国债总额为 14.3 万亿美元，其中 9.7 万亿美元为公共债券，可在二级市场流通；4.6 万亿美元为各政府部门所持有（如社保管理局 SSA，卫生及公共服务部 HHS 等，这些债券绝大部分不能在二级市场交易）。美国国债第一债主是中国，约有 1.2 万亿美元，第二是日本，第三是英国"。

在《德债收益率的秘密》一文中，我们看到："德国国债收益率暴跌，意味着避险资金大量进入德国形成巨大买盘，买盘增多会继续推高国债价格导致国债收益率下行。反之，当避险需求减弱时，卖盘增多国债价格下跌则会导致国债收益率上行"。这实际上说明了两个问题：一是国债收益率是一个信号，直接反映了当事国吸引资金的变化；二是债券收益率上升，意味着抛盘，大量抛售导致国债价格下跌，资金不断流出当事国。债券收益率下降，则意味着买盘，大量买入导致国债价格上升，资金不断流入当事国。

我们已经理解国际游资是推动 A 股的重要因素。那么，我们是否能够从上文中得出一个结论，如果美债收益率上升，则意味着资金流出美国，进入中国；如果美债收益率下降，则意味着资金流入美国，流出中国？

事情往往不是那么简单，当你打开 10 年期美债收益率走势和 A 股走势图，事实上二者并没有明显的对应关系。没关系，笔者会一步步揭开答案。在这之前，我们先看一则新闻。当然，我们是有些跳跃，不要紧，这是非常值得的。就像星空图里的星座，我们总得先看到 A 星，再看到 B 星，一颗一颗地数，才能看到最完整的星座。我们先来注意两条百度新闻，真的非常非常重要。第一，德国 1 年期国债收益率在 2011 年 11 月首度跌为负值。第二，5 年之后，2016 年，多国国债收益率陆续跌入负值。

德国 1 年期国债收益率史上首次跌为负数
华尔街见闻 2011 年 11 月 30 日 20：31
德国 1 年期国债收益率 30 日上午连跌 6 个百分点，北京时间 11 月 30 日 19：58 分，跌至 -0.04%。创历史最低纪录德国 1 年期国债收益率史上首次跌为负数 11 月 23 日，德国 10……
2 条相同新闻 – 百度快照

图 2-10　德国 1 年期国债收益率自 2011 年首度跌为负值

另一种"新常态"：多国国债收益率跌至负值区间
界面新闻 2016 年 04 月 07 日 15：00
美国、德国、日本国债收益率走低反映了几年来许多投资者和政策制定者面临的困境：全球需求疲软，增长欠佳，以及低通胀对越来越宽松的货币政策造成的阻力。
3 条相同新闻 – 百度快照

图 2-11　2016 年世界多国国债收益率跌为负值

你可能会说，这不就是负利率吗？是的，但是背后却反映了欧美核心层的思想已经发生了深刻变化。我们先来看第一条新闻，2011 年德国国债收益率跌至负值。2011 年下半年，这个时候发生了什么。欧洲"笨猪五国"产生的欧债危机达到高潮。也就是，欠债还钱天经地义，但是现在这几个国家经济实在是一塌糊涂，千方百计寻求赖账。这个时期，欧洲的避险资金疯狂涌入德国，你可以看到连带德国股市也一片大好。这部分的避险资金有多少呢？很难统计，但起码有一个信号可以说明问题，就是德国国债收益率都是因为这些资金的疯狂买入而被强行拉成负数了。

德国自己在计算债券收益时都吓了一跳。比如，德国国债，我们知道是由德国财政部发行的债券的利息，是由德国政府付给债券持有人。也就好比我们花了 100 元买了德国国债，按道理，应该是每个月德国政府按照票面利率付给我们利息。那么 2011 年 11 月的时候，德国 1 年期、6 个月的债券收益率出现了负数。这是什么意思？也就是，原先是德国政府付钱给债券持有人，变成了债券持有人反而要付钱给德国政府。

这是为什么？在这里强烈推荐一本书，前美联储主席伯南克的《大萧条》，我们姑且可以粗略去探寻一下美国核心层战略变动的部分点滴。要知道奥巴马为什么当年会选择伯南克，伯南克是研究美国 20 世纪 30 年代大萧条的权威。书中介绍了一件事情，需要引起我们的极大关注。美国大萧条时期，全球所有的国债，包括公司债券，那种评级为中等、低等、垃圾债券的债券全部被投资者抛售，分文不值，只有当时兑付能力强的高等债券遭受疯狂抢购。

让我们把这句结论用在欧债危机里可以这样表述。欧洲地区所有的国债，包括公司债券，那种评级为中等、低等、垃圾债券的债券全部被投资者抛售，分文不值，只有当时兑付能力强的德国债券遭受疯狂抢购。这就是为什么德国国债收益率会出现负数的秘密。德国核心层会怎么想。是不是拼命发债，大规模发债，只要国债收益率是负数，不仅德国政府不用掏钱，不用担心债务负债拖垮德国，反而能使德国政府获得一大批利息收入。

当时德国的债务规模占 GDP 的比例为 60%左右，德国这点小把戏，美国核心层会怎么想？我们以"美国债务"为关键词，进行百度。一条国际在线的新闻必须引起我们的注意。2012 年美国的公众债务占 GDP 的规模大约在 70%。2015 年 6 月，美国国会预算办公室（CBO）发布报告预测，预计到 2040 年，这一比例将高达 107%。

2040 年美国公共债务占 GDP 比例预计达 107%（图）- 新闻 - 国际在线
2015 年 6 月 17 日至 2040 年美国公共债务占 GDP 比例预计达 107%（网页截图）国际在线专稿：据美国彭博社 6 月 16 日报道，美国国会预算办公室（CBO）16 日称，预计到 2040 年，美国……
gb.cri.cn/42071/2015/0... ▼ - 百度快照 - 106 条评价

图 2-12　美国债务比例将大幅增加

如果我们从阴谋的角度看待这件事情，就太小瞧美国了。美国核心层会在负利率的作用下，全面提高债务规模。如果美国国债收益率是正数，美国人提高债务规模必定是自掘坟墓，庞大的利息支出会严重拖垮美国经济；但如果在负利率下，你觉得美国人还会玩完吗？美国同样会收取大量利息收入。

美国最擅长阳谋，要实现国债收益率为负，无非两个动作：一是再次引爆世界危机，迫使大量资金回流美国，这是一招传统套路；二是你可能无法想到，美国人会利用伟大而邪恶的《巴塞尔协议Ⅲ》。

首先，我们来分析美国的第一招，引爆危机。"阳光之下，并无新事"。美国建国 200 年，作为一个帝国，最擅长就是利用自身经济、军事优势制造危机帮助自身获利。"一战"、"二战"，包括现在的南海危机，无不如此。美国需要实现负利率，最方便的就是引爆地区危机，迫使避险资金回流美国。那么，哪个地区会有如此庞大的资金量，以致引起美国的兴趣去引爆危机呢？

在具体展开之前，这里我们需要补充介绍一个常识，区分负利率的两种情况：第一种叫作资金避险型，这种国债是因为大量避险资金的购买，被迫拉低了收益率直达负值，比如上文我们讲过的德债收益率就是这种情况；第二种叫作人为拉低型，这种就属于日本、欧元区除德国外，比如"笨猪五国"等这样的债券收益率。我们需要清楚，第二种债券类型，这种央行人为采用负利率，迫使本国债券收益率也降低到负值的，存在极大的问题，实际是自己做空自己。比如我们来看环球网的一条新闻，欧洲银行目前就出现了无债可买的局面。

欧洲央行量化宽松政策将陷入"无债可买"的境地 – 国内新闻 – 环球网
2016 年 2 月 26 日如果欧洲央行不放松所购买债券的标准，那么 1 年之内将引入"无债券可买的"的境地。欧洲央行为了控制风险，在实施量宽政策时设定了所购买的政府债券需要……
china.huanqiu.com/News... ▼ – 百度快照 – 133 条评价

图 2-13　欧洲央行自酿苦果

我们在图 2-13 中可以见到这样一句话，"欧洲央行为了控制风险，在实施量宽政策时设定了所购买的政府债券需要满足的几个条件"。再怎么满足，欧洲央行无非就是负利率吧，实际上欧洲核心层会怎么想这个问题，欧洲央行肯定不会放松购买债券的标准。因为，名义利率=实际利率+通货膨胀率。也就是，实际利率=名义利率-通货膨胀率。欧洲央行执行负利率政策，必然导致欧元区内成员国国债的实际利率也必定为负数。欧洲央行会购买欧元区的债券吗？当然不会，实际上，欧洲央行的负利率政策只会驱使资金购买更高等级的债券。同样，日本央行的负利率政策，也是一样的效果。

真是美国人刚想睡觉就有人送枕头。美国实现国债收益率为负的第一招，就是欧洲央行和日本央行无条件配合了美国人的负利率政策，得来全不费工夫。需要特别说明的是，为什么我们还要如此重视日本，从图2-14的新闻可知，因为日本国债规模实在是太大了。

日本2015年国债激增　每人负担42.4万元人民币

2015-02-11　13：21：43　来源：中国新闻网　分享：☆⊙◎➕　字号：大 中 小

据日本媒体报道，日本财务省10日公布的统计数据显示，截至2014年12月末，日本国家债务已经高达1029.9205兆亿日元，比2013年末增加了11.9746兆亿日元，其中，每一位日本国民平均负担债务额也达到了811万日元（约42.4万元人民币）。

日本财务省指出，在该国国家借款中，国债是大头，总额为874兆亿日元；银行等金融机构的借款为55兆亿日元，而为干预外汇市场所发行的"政府短期证券"为100兆亿日元。

据了解，日本政府每年国家预算的40%左右依赖于发行国债向国民和金融机构借款，因此每年的借款累计额度处于逐年增加的趋势，最近10年已经增加了300兆亿日元。

针对上述问题，日本《朝日新闻》分析认为，这将会使日本政府的财政重建显得日益困难。

图2-14　日本国债规模惊人

2014年12月末，日本国债规模是多少？1029.9205兆亿日本。相当于多少人民币呢？我们姑且算个大数。按照目前的汇率，1日元=0.0595元人民币。相当于61.28兆亿元人民币。1兆亿元=100万亿元，也就是6128万亿元人民币。等于多少美元呢？935万亿美元。

你觉得美国核心层会怎么看待日本国债这个问题。我们再次回顾一下上文的一段非常重要的事实描述，"美国大萧条时期，全球所有的国债，包括公司债券，那种评级为中等、低等、垃圾债券的债券全部被投资者抛售，分文不值，只有当时兑付能力强的高等债券遭受疯狂抢购"。我们这句话再改一下，"未来20××年，首先是××国出现大危机，进入大萧条，然后迅速蔓延，全球所有的国债，比如日本国债、欧元区绝大多数国债等，包括公司债券，那种评级为中等、低等、垃圾债券的债券全部被投资者抛售，分文不值，只有当时兑付能力强的美国国债和德国国债遭受疯狂抢购"。

美国人有句很有名的话，叫作没有永恒的朋友，只有永恒的利益。935万亿美元的日本国债，美国核心层会怎么想。所以，对美国来说，最合适的路径就是资金避险型，即再次引爆亚洲地区或者国家的大危机、大萧条，迫使日本市场抛售日本国债，迫使全球资金回流美国，压低美国国债收益率，笔者觉得这是未来很有可能的一种趋势。

再看第二招。如果美国使用避险这一方法期望压低国债收益率，那么你会发现，这个布局时间太长，涉及的国家和地区范围太广，费时费力。美国人不愧是人才，他们又想到了另外一个层次的东西，文化上的洗脑。他们隆重推出了史上第一无敌的金融监管政策——《巴塞尔协议Ⅲ》，硬是夹带私货，把美国国债强行塞给了各国银行，也就是各国银行不得不持有，而且是大量持有美国国债。如此一来，跟避险资金的效果一样，美国国债收益率同样会被拉到负数。

我们再来看一下，这一点是如何做到的？《巴塞尔协议》是国际清算银行（BIS）的巴塞尔银行业条例和监督委员会的常设委员会——"巴塞尔委员会"于1988年7月在瑞士的巴塞尔通过"关于统一国际银行的资本计算和资本标准的协议"的简称。该协议第一次建立了一套完整的国际通用的、以加权方式衡量表内与表外风险的资本充足率标准，有效地扼制了与债务危机有关的国际风险。那么在雷曼兄弟破产两周年之际，《巴塞尔协议Ⅲ》在瑞士巴塞尔出炉。最新通过的《巴塞尔协议Ⅲ》受到了2008年全球金融危机的直接催生，该协议的草案于2010年提出，并在短短一年时间内就获得了最终通过。

《巴塞尔协议Ⅲ》是全球银行业监管的标杆，其出台必将引发国际金融监管准则的调整和重组，影响银行的经营模式和发展战略。在《巴塞尔协议Ⅲ》出台之际，中国银监会及时推出了四大监管工具，包括资本要求、杠杆率、拨备率和流动性要求四大方面，及时进行了跟进，构成了未来一段时期中国银行业监管的新框架。这被业界称为中国版"巴塞尔Ⅲ"。

你不需要花大量精力去学这个文件。你还记得 20/80 法则吗？真正有意义的，总是只有 20%。现在笔者就将这最有意义的 20% 公布给你。对于我们投资者而言，首先要清楚两点，《巴塞尔协议》是干什么的？可以这样理解，《巴塞尔协议》是为了避免银行挤兑等风险，而对银行所持有的现金、债券、股票、黄金等资产以及银行放出去的贷款，进行了比例规定。就是这么简单，很好理解。我们再举个例子，如果银行都把储户存的钱贷款出去了，一旦储户需要临时用钱，到银行取钱，怎么办？这个时候，必须规定银行持有一部分现金，还有一部分可以随时变现的资产，比如债券、黄金。这是《巴塞尔协议》的第一层含义。

我们再看《巴塞尔协议》的第二层含义，非常非常的重要。刚才我们说到，银行可能会持有一些能够变现的资产。那么，2008 年危机的时候，银行持有的美国次级债，最后像垃圾一样，根本不值钱，等于说是这么一大笔资产严重缩水。这就好比，本来储户来取钱时，银行可以把手上的债券变现为 100 元给储户。现在因为次贷危机爆发，都成了垃圾债券，可能最后变现出来只有 20 元。

那么《巴塞尔协议》怎么解决这个问题呢？他规定了变现资产的性质和比例，一是比如银行持有的只有那些评级最高的债券，二是这些债券要达到一个规定的比例。通过上述两个动作，从而确保银行持有的这些资产一定能够尽最大可能足额变现。作为一个投资者，你只需要懂得这个道理就行，毕竟我们不是要投资银行，我们只是为了发现暗藏其中的一个大动作。

《巴塞尔协议Ⅲ》重点强调了两个比率：一个是流动性覆盖比率

(LCR)，另一个是净稳定资金比率（NSFR）。这两个比率是为了提高银行的高流动资产，就是变现资产。高流动资产包括什么，重要的就是国债。最激动人心的部分来了。要知道，高流动资产中的国债，《巴塞尔协议Ⅲ》是有明确规定的。可以明确地说，除了美国国债和德国国债，其他国家的国债是被排除在高流动性资产范围之外的。

这样就很好理解了。《巴塞尔协议Ⅲ》规定，新规将在 2016 年 1 月至 2019 年 1 月分阶段执行。也就是 2019 年，各国的银行业必须持有高流动性资产，也就是必须持有美国国债和德国国债。这个比例是多少？大概金额有多少？很抱歉，目前还没有公开的数据。但是，我们可以推导出来，也就是在 3 年之后，全球银行业的强制购买，美国国债收益率必定跌入负值。

现在我们已经清楚实现美债收益率负值的两种路径，让笔者深深担忧的是，如果美国选择了第一种路径，假设趋势照此发展，就是巨大的系统性风险，同在亚洲区域的 A 股可忧！你不得不防。

第六节　正确探寻主力之美元指数的秘密之一

美元指数，绝对是"神兽"，我们可以这样定义一下。还是先上图，我们在视觉上有一个概念，文华财经赢顺通用版就有这个指标，如图 2-15 所示。

图 2-15　美元指数在 2015 年 12 月 2 日再次创下新高

在图 2-15 中，我们可以清楚地看到，在 2015 年 12 月 2 日，近 30 年来，美元指数第四次创下新高，突破 100 大关，最高峰值达到 100.51。

按照惯例，我们现在应该来介绍美元指数的概念。但是，在这里笔者不得不非常慎重地跟大家说，美元指数破百不是小事。从历史上讲，每次美元指数到达 100 附近，基本上都有大事发生。所以现在让我们偶尔打破一次常规，先从美元指数破百的故事讲起，看看摊上何等大事了。

打开文华财经赢顺版，再次调出美元指数的 K 线图。

从图 2-16 可以清楚地看到，近 30 年来，美元指数分别有三个大的时间段突破 100。这三次大的时间分别是，1987 年 8 月至 1989 年 6 月 15 日，最高峰值达到 106.56；1997 年 8 月至 1999 年 7 月 12 日，最高峰值达到 104.88；1999 年 11 月至 2001 年 7 月 31 日，最高峰值达到 121.02。

图 2-16　美元指数在历史上三次突破 100 的月线

　　如果我们回过头把近 30 年世界上发生的重大经济危机罗列出来，你会惊奇地发现，这三个时间段居然对应的都是我们耳熟能详的，日本金融危机——从此日本失去了宝贵的 30 年、亚洲金融危机——从此东南亚就被干掉了、千禧年美国新经济危机——从此在美国市场玩网络的就剩下那几大寡头。

　　美元指数用来反映美元在国际外汇市场的汇率情况的指标，如何反映呢？我们知道，指数一般都是由成份股组成的。但美国人高就高在成份以外，他设置了一个标尺。我们说高，是相对低来说，那么在这一对名词中，低就是高的标尺；我们说深，是相对浅来说，那么在这一对名词中，浅就是深的标尺。那么美元指数在设计中，就融入了这一概念。先选定一揽子货币，每个货币由不同权重组成。然后，通过计算美元和对选定的一揽子货币的综合变化率，来衡量美元的强弱程度。也就是说，这一揽子货币就是美元的标尺。如果这一揽子货币弱，那么美元相对就强；反之，如果这一揽子货币强，那么美元相对就弱。

本质上说，美元就是这一揽子货币的对立面。往狠里说，"不是你死就是我亡"，二者的矛盾不可调和。让我们来看一下这一揽子货币包括哪些。他们由 6 种主要货币构成，包括欧元、日元、英镑、加元、瑞典克朗和瑞郎。各个币种的权重如图 2-17 所示。

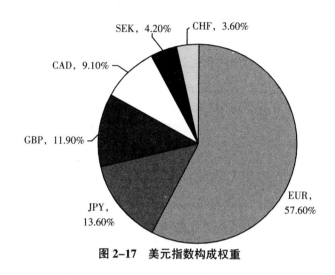

图 2-17　美元指数构成权重

可以看到，欧元所占比重最高，高达 57.6%。所以从标尺的概念说，美元指数又可以称之为"反欧元指数"。其他国家货币所占权重依次为日元 13.6%，英镑 11.9%，加元 9.1%，瑞典克朗 4.3%，瑞士法郎 3.6%。

那么这一揽子货币中有多少国家在里面呢？如果你说 6 个，那么你是错误的。因为你可能忘记了一个概念——欧元区。欧元区是指欧洲联盟成员中使用欧盟的统一货币。1999 年 1 月 1 日，欧盟国家开始实行单一货币欧元。2002 年 7 月，欧元成为欧元区唯一的合法货币。欧元区共有 19 个成员国，包括奥地利、比利时、芬兰、法国、德国、爱尔兰、意大利、卢森堡、荷兰、葡萄牙、西班牙、希腊、斯洛文尼亚、塞浦路斯、马耳他、斯洛伐克、爱沙尼亚、拉脱维亚、立陶宛。要注意，除了欧元区 19 个成员国外，另有 9 个国家和地区采用欧元作为当地的单一货币。这样一看，使用欧元作为单一货币的国家和地区总共合计是 28 个。再加上其他 5 个国家，总共有 33 个国家和地区被纳入了这一揽子货币。

作为一个标尺，不是你死就是我亡，不是你弱就是我强。这 33 个国家和地区因为被纳入了美元指数的对立标尺—— 一揽子货币，我们就好理解了。美国的国家政策就是天然与这些国家为对立面。按照我们传统理解，这 33 个国家基本属于发达经济体，基本属于西方国家，特别是这些国家多数又被纳入了北大西洋公约组织，都应该是美国的盟友。没错，从明面上看是如此，的确是这样。但当我们真正懂得标尺的概念，懂得美元指数成分的构成，我们就可以看清本质，美元天生就是唯我独尊。美国主动控制了美元指数的涨跌，从而直接影响了这些发达经济体，甚至是全球的货币政策。

美元指数于 1985 年产生于纽约棉花交易所。2006 年 9 月，该期货交易所并入美国洲际交易所（Intercontinental Exchange，ICE），成为其下属的一个部门。美元指数期货在美国洲际交易所交易。该交易所负责发布美元指数及美指期货价格的实时数据。起初，美元指数由 10 个国家的货币构成，1999 年 1 月 1 日欧元推出后，纽约棉花交易所对美元指数迅速进行了调整，从 10 个减少为 6 个，欧元也一跃成为了最重要、权重最大的货币。

从面上看，美元指数只是一个期货交易所发布的一般性指数，但是自从美元指数诞生，它天然与美元挂钩，就必然与美国政府的国家政策挂钩。由于美元指数天然与其他货币对立，所以又天然反映了美国政府一系列的国家战略。从这个角度就很好理解，为什么 1999 年欧元诞生后，美元指数在第一时间将欧元纳入一揽子货币，因为美国唯我独尊的霸权思想会天然警惕欧盟的崛起，谁强就要打谁。

美元指数上涨，说明美元与选定的一揽子货币的比价上涨，也就是说美元升值；美元指数下跌，则说明美元与选定的一揽子货币的比价下跌，也就是美元贬值。美国与这么多国家为对立面，他不怕吗？不怕，因为只有美国才能法定发行美元，所以他就不怕，而且美国的国家战略天然就是依靠美元折腾起家，收割全球。

值得注意的是，美元是美国的法定货币，目前它是国际上流通量最大的货币，被世界主要国家当作贸易货币和储备货币广泛使用。这就造成了一个局面，也就是美元升值后，相对应的这一揽子货币就会被迫贬值，由于这些货币背后的发达国家或经济体又相对应着若干发展中国家，美元升值的影响也相应传达至全球。同样，美元贬值后，相对应的这一揽子货币就会被迫升值，同样贬值的影响也相应传达至全球。

按照我们传统的理解，到底一个国家的货币是贬值好，还是升值好，不太好说。因为贬值有贬值的好处，升值有升值的好处。贬值意味着可以刺激出口，我们国家改革开放 30 多年，为什么一直不敢升值，因为国策就是出口这条路，升值对我们来说代价太大，会严重影响出口的好处。升值的好处则意味着我们的购买力会增强。但综合二者利弊看，从资产保值增值的角度看，一国升值总比贬值要好，从普通老百姓到主力资金对该国的信心也会更强。

所以，从主力资金的角度来讲，美元贬值，主力资金就会向从美国流出，寻找币值更稳定的地区；美元升值，主力资金就会从其他地区回流美国。如果我们从主力资金的角度看，你会发现，国际上很多大事件都与主力资金、美元升值贬值有很大关系。

从传统的智慧来理解，一般而言，开放和民主的社会体制，经济发展程度应该要高；封闭和独裁的社会体制，经济发展程度要低。但我们来看一个极端的案例。20世纪70年代，在美国的大力支持下，智利、巴西、阿根廷、乌拉圭等拉美国家相继爆发军事政变，由亲美的军事集团组成军政府，军政府采取屠杀、暗杀的酷刑等暴力恐怖手段镇压群众。但是，1973年石油危机之后在美元指数一路走低的背景下，可以说在美国的一手引导下，主力资金开始陆续进入这些拉美国家，即便是在政治环境这么恶劣的拉美国家，因为主力资金的进入，也由投资拉动带来了巨大繁荣，这就是史称的第一次拉美经济繁荣。

当然，你可能还会疑惑。你可能会说，这些大事件都与当时政治人物、价值观念、政策手段有很大关系，但是从本质上说这些大事件的起心动念都与美元指数彼时的情况有很大关系。因为任何事件的发生或者推动，都可以说，没有大资金、主力资金是不可能的。只要主力资金到来了，很多变革、发展自然水到渠成，这与体制机制无关。主力资金走了，可以说再怎么变革、想办法可能都无济于事，这不是危言耸听，因为桩桩历史都是如此。美国就是这样通过调整美元的一涨一贬，调动主力资金于股掌之中。

我们再看一个案例，接着第一次拉美经济繁荣之后来讲。时光荏苒，1979年，美元指数突然走强，大量主力资金开始回撤美国。回流到美国的美元大量增多，说明留在拉美的美元大量减少。这就好比做生意，突然银行停贷了，撤资了，资金链条断裂了，怎么办？战争的本质是什么，转移国内的经济危机。第一次世界大战、第二次世界大战的本质莫不如此。为什么希特勒能够上台，为什么上台后开始战争德国人欢呼雀跃，因为战争解决了恶性通胀的问题。为什么美国人欢呼踊跃加入第二次世界大战，因为战争解决了美国当时最严重的粮食过剩危机。好了，这样你就能够理解了，拉美的国家都是军政府，遇到经济危机，军人最擅长如何解决问题？战争。这都是历史经验，对他们不言自明。战争能够有效解决问题，转移人民的怨气。

阿根廷成为此次拉美危机中最早开战的国家。现在的新闻宣传都是阿根廷、英国两国为了主权相争。不是这样的，任何的政治问题其实本质都是经济问题。为什么阿根廷经济增速10%的时候，阿根廷不开战。一陷入经济危机，就想着主动去找英国人的碴儿。阿根廷希望通过战争脱困。于是，当时阿根廷军政府的总统加尔铁里，瞄准了离阿根廷600公里远的马尔维纳斯群岛，英国人把它叫作福克兰群岛。这个群岛已经被英国人统治了100多年，加尔铁里决定把这片岛屿夺回来，主动与英国开战，于是就有了后世闻名的"马岛海战"。现在，阿根廷还把加尔铁里奉为民族英雄，一个战争狂人为了急于脱困，将整个国家拖入战争。

我们再说回来，为什么美国控制美元的一涨一贬如此得心应手，这就要说到美元的前世今生了。

第七节　正确探寻主力之美元指数的秘密之二

美国人是收羊毛的高手。现在我们看美元，因为有了美元指数，美元指数与美元挂钩，所以只要控制了美元指数，就能主动控制美元强弱走势。但更早的时候，美元是没有强弱之分的，一直恒定不变，因为美元是与黄金挂钩的。

说到这，我们就要回顾一下一些很有意思的大事。这些大事，听起来可能会比较复杂，但单就美元与黄金挂钩描述，你就比较清楚了。美元与黄金挂钩起源于布雷顿森林体系。

在这里插一句，其实我们做投资，炒股票，每天确实需要看大量的书，有很多的概念，很多的因果需要分析，阅读量如此大，还不累死。笔者觉得提高效率、增进效益的关键是，需要采用"为我所用"的方法，把很多复杂的问题剖离，还是那句话，抽丝剥茧，仅选取所需要的概念、线索、片段进行深入分析，其他的一概不管，然后再根据自己的逻辑框架将其组合。比如，讲到布雷顿森林货币体系（Bretton Woods system），基本概念是指"二战"后以美元为中心的国际货币体系。1944 年 7 月，西方主要国家代表在联合国国际货币金融会议上确立了该体系，因为此次会议是在美国新罕布什尔州布雷顿森林举行的，所以称之为"布雷顿森林体系"。

如果按照学界的概念，还会讲到布雷顿森林体系给后世带来的影响，什么关税总协定，国际货币基金组织，世界银行。我们在这里，单就美元与黄金挂钩这件大事分析。在这次会议上，布雷顿森林体系确定了美元与黄金挂钩。第一，最关键的是，确定了黄金官价和美元不涨不跌，维持在一个恒定值。各国确认 1944 年 1 月美国规定的 35 美元一盎司的黄金官价，每一美元的含金量为 0.888671 克黄金。各国政府或中央银行可按官价用美元向美国兑换黄金。为使黄金官价不受自由市场金价冲击，各国政府需协同美国政府在国际金融市场上维持这一黄金官价。第二，其他国家货币与美元挂钩。其他国家政府规定各自货币的含金量，通过含金量的比例确定同美元的汇率。

这一事件意义重大，最重要的意义是维持了第二次世界大战后汇率的稳定，从而稳定了经济，稳定了民心。当然，美国做出了巨大牺牲。汇率有高有低，有利有弊。唯独汇率保持不变，作为汇率的天秤的一方最吃亏。因为任何美元的流出，都意味着黄金的流出，财富的流出。而你作为天秤，不可能不让美元流出。所以，布雷顿森林体系确立后，美国被认为是当之无二的老大哥，促进了各国经济的稳定，有利于迅速恢复经济。当然，美国这样做，也是有底气的，因为它当时手中掌握了全球 80% 左右的黄金储备，不缺钱。而且，自此主要国家都对美国马首是瞻，结果也是我国历史教科书上一再提到的，美国开始一跃成为世界霸权。

就这样时光荏苒，到了 20 世纪 70 年代，也就是 1970 年左右。这时候美国总统是我们耳熟能详的尼克松总统，国务卿也是我们耳熟能详、至今在世的基辛格。在这里，笔者不得不着重强调基辛格的另外一个身份，不是博士，而是犹太人。犹太人基辛格。他们"突然"发现，美国拥有的黄金储备只有 8000 多吨了。其实，我们今天来看，美国人不可能不知道黄金储备暴跌，美国连续主动打了两场战争，朝鲜战争和越南战争，战争的开销巨大，每花 35 美元就意味着一盎司黄金流出。而且按照美国人特别是基辛格的智慧，不可能不做到提前防范。现在从历史资料看，这一"突然"发现，显然是不可信的。接着，这一消息有意无意地传到了另一政治强人、执拗脾气的法国总统戴高乐。戴高乐一听就急了，这还得了，美国人手上都没有黄金了，那法国手上的美元还不成一堆破纸了，不行还是得弄黄金回来。上帝如果想要搞出一些事情，总是那么凑巧有那么一群人正等着。于是，在或真或假、或明或暗的情况下，若干人等依次上台。首先，当之无愧是戴高乐出马了。他找到美国政府，说法国还有大概 20 亿美元，现在要一分不剩全部换成黄金拿回法国。按照 35 美元一盎司的比率，20 亿美元就是 5714 万盎司，一盎司等于 0.0000283 吨，也就是 1617 吨黄金，一下子占了美国联邦全部黄金储备的 20%。消息一公布，举世瞩目。这还得了。其他国家也担心美国储备的黄金不够，美元会贬值，也纷纷表示，都不要美元了，全部要黄金。于是世界主要国家都开始堵住美国的路，美国在黄金问题上彻底无路可走。

就是这样，时任美国总统尼克松在 1971 年 8 月 15 日，向世界宣布美元与黄金正式脱钩。好了，从此美元猛虎出笼。紧接着，基辛格又布了一个更大的局，美元开始彻底所向无敌了。在这里补充介绍一下基辛格。全名亨利·艾尔弗雷德·基辛格，1923 年 5 月 27 日生于德国费尔特市，由于受到纳粹德国的迫害，1938 年移居美国，1943 年入美国籍。1969~1974年，当时是共和党尼克松总统任上，基辛格担任国家安全事务助理，并兼任国家安全委员会主任到 1975 年。1973~1974 年，在尼克松政府任国务卿。1974 年，尼克松因水门事件丑闻被迫宣布辞职，但是基辛格的政治生涯并未结束。1974~1977 年，基辛格继续担任福特政府国务卿，成为唯一一个跨越两届政府担任国务卿的神人。那么，基辛格任内做了两件大事，一是大家都知道的，成功推动了尼克松访华，自此中美两国破冰相容；二是为了帮助美元寻找更好的锚定之物，在 1971 年成功推动美元与黄金脱钩，而在 1972~1974 年，成功推动了石油与美元挂钩。

美元与黄金脱钩有什么好处。我们前文提到过，美元之前是与黄金挂钩，当时黄金是各国的储备资产，一国财富的象征，所以美元跟黄金挂钩之后，虽然美元也如美国人所愿成为储备货币，但是弊端也是明显。因为黄金被当作储备资产很难流动，另外黄金的价格定死了 35 美元一盎司，各国可以通过货币贬值刺激出口，通过货币升值刺激进口，而美国什么都不能做，美元只能出，没法进。

现在基辛格找到了更好的锚定之物，就是石油。20 世纪 70 年代，美国和沙特阿拉伯签订了一系列秘密协议，这份秘密协议的正本目前还未公布，但是在这份所谓的"不可动摇的协议"中，不知美国与沙特阿拉伯交换了何种利益，沙特阿拉伯居然同意继续将美元作为出口石油唯一的定价货币，也就是交易货币或是结算货币。之后，整个欧佩克组织居然也全体同意美元作为石油的唯一结算货币。

欧佩克，即石油输出国组织，成立于 1960 年 9 月 14 日。1962 年 11 月 6 日欧佩克在联合国秘书处备案，成为正式的国际组织。现有 12 个成员国：沙特阿拉伯、伊拉克、伊朗、科威特、阿拉伯联合酋长国、卡塔尔、利比亚、尼日利亚、阿尔及利亚、安哥拉、厄瓜多尔和委内瑞拉。由于石油储备量大体是恒定的，所以几十年来，欧佩克组织成员国的产量分布实质上没有太大变化。根据《BP 世界能源统计 2011》，2010 年底欧佩克组织成员石油总储量为 10684 亿桶，约占世界石油储量的 77.2%，其中排在前五位的成员分别是沙特阿拉伯（2645 亿桶）、委内瑞拉（2112 亿桶）、伊朗（1370 亿桶）、伊拉克（1150 亿桶）和科威特（1015 亿桶）。这样，我们可以反推回去，沙特阿拉伯在 20 世纪 70 年代绝对是世界第一大石油出口国，既然沙特阿拉伯都同意了接受了美元与石油挂钩的协议，自然欧佩克其他成员国也没办法反对了。

1973 年 10 月，欧佩克宣布，必须用美元对全球的石油交易进行结算。工业化国家不可能不使用石油，每年石油贸易总额平均占全球贸易总额的 10%以上。所以起初美元是作为石油的交易货币出现的，但是随着石油使用量的增大和石油价格的变化，交易的国家越来越多，那么美元的职能也从交易货币再次成为了储备货币。就这样，美元随着石油从美国流向全球，美元占到全球各国官方外汇储备的 2/3，超过 4/5 的外汇交易和超过 1/2 的全球出口是以美元计值的。

因为没有之前必须与黄金保持等价关系的束缚，美国可以放心大胆地印刷美元。从这个角度来定义，可以说，随着美元通过石油开始走出国门，自此美元开始成为热钱。如果大量美元留在美国国内，将造成美国的通胀；如果美元输送出去，那就意味着全世界替美国消化通胀。而且这一收一放，对美国利益巨大。美国政府增大美元的供应量，推动资本大量外流，赚外国的钱。大量美元向国外溢出，带动国外投资拉动，比如日本、东南亚、金砖五国的繁荣基本是这样。开闸放水后，美国政府再关闸剪羊毛，流动性枯竭、资金链条断裂，做空你，把你打回原形、打到谷底，再来收购你。日本、东南亚金融危机莫不如此。做空可以大赚一笔，崩盘之后抄底再赚一笔。一放一收，美国都能赚大钱。

当然，刚开始对于美元这一放一收带来的货币供应量变化，不好观察，直到 1985 年美元指数开发出来后，我们才有了非常好的观察标的。美元指数跌，说明美国在开闸放水；美元指数涨，说明美国在剪羊毛。如果这种事情只发生一次，那么只是小概率事件；如果这种事情从它出世以来反复出现，那么就一定是规律。几十年来，美国就是这样打遍全球无敌手，美元霸权成功捍卫了美国霸权。

所以，我们可以这样定义，要挑战美国霸权，必须先撼动美元霸权。不能撼动美元霸权，期望改变美国单极格局，难之又难。

第八节 正确探寻主力之美元指数的秘密之三

既然石油美元树立了美元霸权，那么美元霸权又进一步树立了美国霸权。时光荏苒，不是所有的国家都服美国的气，当然这些国家也明白，挑战美国的武力，历史上除了我国的志愿军打赢过朝鲜战争，没有几个国家都从武力上把美国完全打趴下，越南在我国的大力援助下也只是打了个平手。

那好，既然武力挑战困难，那么就从石油美元上下点功夫，不用美元结算石油了，从根本上完结美国霸权。

于是，几个"刺头"产油大国就开始行动了。我们先来看最大的"刺头"，我们非常熟悉的伊拉克萨达姆政权。1999年1月，欧元横空出世。2000年11月，伊拉克政府宣布石油以欧元计价，此时欧元相对于美元的跌势中止，开始步入升势。2000年12月，伊拉克政府宣布，鉴于美国对伊拉克采取敌视的立场，因此伊政府决定自2002年初开始正式以欧元替换美元作为外贸结算货币。值得注意的是，由于此时美元对欧元持续贬值，萨达姆此举使伊拉克从中获取丰厚的利润。随后，很多欧佩克国家也纷纷响应，准备向欧盟出售石油换回欧元，而不是换回美元。

说到这里，我们要关注一个重要事实，欧佩克和欧盟互为非常重要的贸易伙伴。首先看欧佩克这边，欧佩克成员国超过45%的商品进口自欧盟。而欧佩克成员国是欧盟石油的主要提供者，欧盟国家60%以上的能源都需要进口，欧盟国家的石油进口依赖率高达80%以上。所以，对于高度依赖进口石油的欧盟国家来说，欧佩克国家期望采取的欧元结算体制对欧盟来说是绝对的利好，对美国而言则是石油美元体制的大崩溃。

美国会放过这件事情的始作俑者——萨达姆吗？而且，美国还拉上了英国，一起准备合作干掉萨达姆。为什么？首先，英国在北海拥有巨大的石油储备，英国对于中东石油的依赖程度并不高。其次，"没有永远的朋友，也没有永远的敌人，只有永远的利益"。现在公布的文件显示，2002年11月，时任英国首相布莱尔与英国石油企业曾就是否发兵伊拉克举行秘密会议。会议一致同意英国支持并追随美国入侵伊拉克，并由此达成的利益是美国政府同意英国石油企业可以瓜分伊拉克巨大资源。

好了，万事俱备，只欠东风。2003 年 6 月，美国以伊拉克藏有大规模杀伤性武器并暗中支持恐怖分子为由，绕开联合国安理会，悍然入侵伊拉克，彻底摧毁萨达姆政权。到 2010 年 8 月，美国战斗部队撤出伊拉克为止，历时 7 年。石油价格也从 2003 年的低点 38 美元到 150 美元，最高兴的是谁，当然是产油国。其次是谁，当然是美国政府。美元指数从 97 降到 80，石油价格提升了将近 4 倍，再加上乘数效应，至少扩大了 10 倍的流动性，能够印刷更多的美元，以后等到了"剪羊毛"，收益更大。

打下伊拉克后，我们再来关注一下，美英是如何"关怀"伊拉克的，最出名的即为时任美国驻伊拉克最高行政长官布雷默《第 39 号命令》。注意，布雷默此人曾在前国务卿基辛格旗下的咨询公司任职，基辛格是他的贵人。

《第 39 号命令》

1. 私有化：法令允许伊拉克全部国有企业私有化。

2. 100% 的外资所有权：法令规定在除了石油、采矿、银行和保险业之外的全部行业中，允许出现 100% 的外资所有权。

3. 国民待遇：法令规定外国投资者在伊拉克将得到不低于伊拉克本国投资者所得到的待遇，伊拉克政府不得给予本土投资者、产业和供应商优惠待遇。伊拉克政府无权要求持有价值上 10 亿美元重建合同的美国公司雇佣本地承包商。伊拉克政府不得为发展本国经济规定本国公司在承接合同方面享有相对于外国公司的优先权。

4. 无限制的利润流出：法令允许外国投资者随时可以降投资的相关资

金汇出伊拉克，包括出售股份所得、利润或分红。

5. 40 年约期：伊拉克政府和产业被锁定在上述法令中，维持 40 年不变，并且约期可以不断延续。

6. 伊拉克政府无条件批准任何转基因植物在伊拉克的种植。

这就是赤裸裸的资源瓜分。

伊拉克战争一方面彻底摧毁了萨达姆政权，另一方面"敲山震虎"，重挫欧盟，彻底打破了石油与欧元的结算体系，可谓是再次重新修复了国际石油美元体系。所以，我们可以说，谁要动石油美元体系，美国就要动用华尔街与军事力量与之拼命。

这并非特例。石油大佬马哲睿之死也异常蹊跷。马哲睿（Christophe de Margerie），男，生于 1951 年，1974 年毕业于巴黎高等商学院并加入道达尔集团，此后近 20 年曾在集团的财务部及勘探与生产部担任多个职务。1995 年，马哲睿出任道达尔中东公司总裁，并于 1999 年加入集团执行委员会。2000 年，马哲睿出任道达尔菲纳埃尔夫集团勘探与生产部高级执行副总裁，2002 年担任集团勘探与生产部总裁。2006 年 5 月，马哲睿被任命为集团董事会成员，2007 年 2 月出任道达尔集团首席执行官及执行委员会主席。2010 年 5 月，马哲睿出任道达尔集团董事会主席兼首席执行官。道达尔集团何许也？道达尔集团是全球四大石油化工公司之一，总部设在法国巴黎，旗下由道达尔（Total）、菲纳（FINA）、埃尔夫（ELF）三个品牌组成。

2014 年 10 月 20 日，马哲睿乘坐的私人飞机在莫斯科机场坠毁，马哲睿和 3 名机组人员全部身亡。马哲睿生前是著名的反美斗士，他多次发表反对美元霸权的言论，马哲睿多次表示，尽管原油虽然是以美元每桶作为计价单位，但并不意味着必须用美元来支付。

那用什么支付？当然是欧元。如果我们顺着这个逻辑来思考，很多内情一目了然。为什么伊拉克被美国干掉了，俄罗斯动不动就被美国制裁？而传统的反美斗士伊朗、委内瑞拉等国家还好好的。因为这些国家从来都只是喊一喊"石油去美元"，没有动真格。比如，伊朗从2006年就放风要用欧元结算，到现在10年了都只是空穴来风。所以美国就此默认了，只要不来真的，仅仅表达情绪是没问题的。

但是，值得关注的是另外两个问题。一是为什么中国频频出大招，要用人民币斩杀石油美元，伊朗、俄罗斯等国都甚至建议除了欧元，还可以用人民币结算石油。正如我们前文一再分析的，只要它国妄想对石油美元动手，美国都是不遗余力一击必中，而美国对此只能空喊，而且居然是以美国华尔街控制下的石油价格暴跌来应对？二是为什么美国会这样？

第九节　正确探寻主力之美元指数的秘密之四

为什么人民币频频出大招，而美元没有如期反应？为什么伊朗制裁会被如期撤销？

图 2-18　原油指数自 2014 年 7 月开始暴跌

如图 2-18 所示，从月线可以看出，实际上，原油是从 2014 年 7 月开始暴跌，而马睿哲是在 10 月毙命的。原油从高位 110 美元下跌到 30 美元，跌得这么厉害，而美国核心层居然无动于衷，甚至高盛还高声叫好。并且最不可思议的是，沙特居然哼都没哼一声。这只能说明一个问题：美国彻底放弃了美元与石油挂钩的国策。

为什么会这样，目前笔者没有更详细的资料。但是有一个点很重要，就是美国核心层已经放弃石油，居然还会"搞掉马睿哲"，说明他们肯定在演戏。演戏给我们看，给俄罗斯人看。看来，美国还是会为石油来拼命的。但是从石油价格暴跌和一系列国家的反应就可以明白，美元已经彻底放弃了石油。

玩了几十年，把全球玩得团团转，还会搞出新东西，是的，美元放弃了石油，但美元肯定会寻求新的标的物。这一点，很多经济学家看不到，有的经济学家甚至还会被美国蒙住，因为美国实在是太会演戏了，他会告诉你，"oh，no，石油还是我的命"。但是一些大咖，比如时寒冰、刘军洛，甚至郎咸平，都看到了这个问题，只不过他们对挂钩什么新品种有异议，有的认为是新能源，有的认为是农产品。

之前，笔者也一直没有判断清楚，美元将与何种产品重新挂钩。但是2015年底网易上的一则新闻，彻底袒露了真相。简单直白，直抒胸臆。

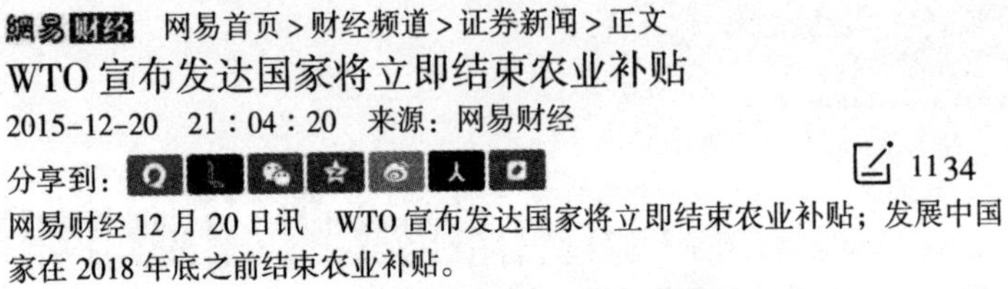

網易財经 网易首页 > 财经频道 > 证券新闻 > 正文
WTO宣布发达国家将立即结束农业补贴
2015-12-20 21：04：20 来源：网易财经

分享到： O L ❀ ☆ ⊙ 人 ▣ 　　　　　　✎ 1134

网易财经12月20日讯 WTO宣布发达国家将立即结束农业补贴；发展中国家在2018年底之前结束农业补贴。

图2-19 全世界农产品即将暴涨

美元要与农产品挂钩了。未来20年的投资品种也是这么直白。

（1）投资农业：想想从前石油的轨迹，除了暴涨没有二话。

（2）投资军工：虽然历史不是简单地重复。但是我们分析石油的上涨路径，何时上涨最厉害？不是因为石油减产而暴涨，而是因为历次战争而暴涨。比如，远的有海湾战争，近的有小布什发动的伊拉克战争。唯有战争，才能做到油价暴涨。那么农产品如何才能暴涨呢？也唯有战争。

在这里推荐一本巨著，为什么说是巨著呢？市面上难得的精品之作，皆是作者实地探访、认真思考得来的，真心推荐《中国农业真相》，臧云鹏著。书中对我国农业现状和欧美农业补贴讲解细致，值得认真阅读10遍以上，其价值不可估量。

第十节　正确探寻主力之美元指数的秘密之五

如果我们打开美元指数的周线图（见图 2-20），历史上有三次美元指数到达基点 100 之后，对某个国家甚至区域股市造成巨大冲击。这主要在于，美元指数一旦冲破 100，即意味着美国关闸剪羊毛，人为制造流动性枯竭，引发相关国家甚至区域危机。

图 2-20　1989 年美元指数突破 100

1989 年 6 月 16 日，美元指数达到相对高点 106.563。短短 6 个月之后，也就是 1989 年 12 月 29 日，日经 225 指数达到最高点 38957.44 点，此后开始下跌，土地价格也在 1991 年左右开始下跌，泡沫经济开始正式破裂。到了 1992 年 3 月，日经 225 指数跌破 20000 点，仅达到 1989 年最高点的一半，8月，进一步下跌到14000点左右。大量账面资产在短短的两年间化为乌有。

图2-21 1989年12月日经指数开始暴跌

现在很多经济学家对当年日本股市、楼市崩盘进行复盘研究，认为固然有大量投机热炒的原因，但是最主要的原因在于日本政府当年监管无力，特别是错误进行调控，比如1990年3月日本大藏省发布的《关于控制土地相关融资的规定》，对土地金融进行总量控制。这一人为的急刹车导致了本已走向自然衰退的泡沫经济加速下滑，并导致支撑日本经济核心的长期信用体系陷入崩溃。此后，日本银行也被迫相应采取金融紧缩的政策，进一步导致了泡沫的破裂。这些研究，自然掩盖了美元指数对这场危机产生的核心作用。

当1989年日本金融危机还未完全散去硝烟，1997年美国再次瞄上了东南亚地区。从图2-22可知，1997年8月8日当周，美元指数最高价位再次攀爬到101.79，此后一直在90以上的高位上下徘徊。

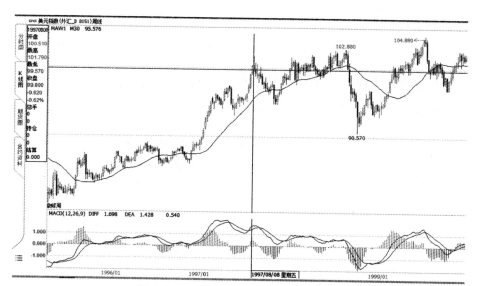

图 2-22 1997 年美元指数再次突破 100

图 2-23 1997~2003 年美元指数一直在 100 区域活动

实际上，从图 2-23 中可以看出，自 1997 年 8 月 8 日美元指数首次突破 100，一直持续至 2003 年 1 月 24 日美元指数再次跌破 100，时间周期长达 5 年半，这中间又爆发了两次区域性的金融危机，即东南亚金融危机和千禧年美国新经济危机。这两次危机，中国 A 股未能幸免，均以暴跌相配合。

如果你认为这只是特例，那么我们来分析一下近期的案例。这次，A 股直接中招。从图 2-24 可知，2015 年 3 月中旬，美元指数再次突破 100 关口。并且持续一年，一直在高位徘徊。而 A 股股灾从 2015 年 6 月中旬之后爆发，A 股与美元指数走强有何关联，大家可自行脑补。

图 2-24　2015 年 3 月美元指数再次突破 100

2015 年下半年左右，大家都说中国投资环境恶化，生意不好做了，连世界经济都恶化，除了美国之外，金砖五国、"笨猪五国"等发展中国家，还有发达国家，个个经济都不好。连带世界政治军事形势也不好，中东总是打仗，叙利亚、中东，问题一大堆。但是 2015 年 12 月 16 日美联储加息之后，可谓是峰回路转，一路向好。连带着笔者天天在家都感觉新闻联播都无比乐观了。

大家都乐观了，生意好做了，打仗的也消停了，为什么？

图 2-25　2015 年 12 月美联储加息后，美元指数一路下挫

从图 2-25 可知，美联储加息后，美元指数并未如市场预期一路暴涨，而是进入了暴跌周期。所以，全世界又太平了。连带着在叙利亚闹别扭的俄罗斯和美国又握手言和了，还有奥巴马还去了趟古巴。

别看笔者说得简单，一涨一跌，一乱一安，里面都是血雨腥风。可以得出两个关键法则：一是美元指数超过 100，必然出现史无前例的大事件，无一例外基本会股灾，要当心蔓延到国内 A 股。二是美元指数上涨，全世界都没好日子；美元指数下跌，全世界基本还算太平。所以我们可以称美元指数为终极指标，这就是利器。

若上面两个关键法则失灵了，美元指数没用了，那就是说明，美国霸权就此陨落。让我们拭目以待。

第十一节　正确探寻主力之美元指数的秘密之六

这一篇是美元指数的最后总结。

基本分析，要做到细节之中找关联。还记得我们看过的那幅星空图吗？散落的一颗颗星星，它们从来不是线性分布的。这就好比，中国有句话，隔山打牛。笔者做基本分析这么多年，有两点很深的体会：一是任何事物都是普遍关联的，二是有价值的线索都不是直接关联（或者说是）线性关联的。

做基本分析，尤其要善于用"隔山打牛"的眼界看待问题，这也是笔者这么长时间，通篇一直在强调的问题。做到这一点，就说明我们开始有了盈利，你真正开始上路了。因为我们只是使用美元指数分析股票，而不是炒外汇，所以格外简单，不需要太复杂，下面我们来简化一下问题。通过这么长时间的铺垫，我们可以顺利得出以下三点结论：

（1）美国通过美元指数来剪羊毛。美元指数涨，资金回流到美国；美元指数跌，资金流出美国。

（2）一旦美元指数上涨到 100 以上，那么就是美国人关闸回水。再次重申，一旦美元指数涨到 100 以上，不要再参与任何 A 股股票的交易。世界都是普遍联系的，隔山打牛。美元指数到了 100 以上，必然会有一个经济体或一个经济区域倒下，尽管可能不是中国，隔山打牛啊，A 股受其他外盘影响暴跌的案例还少吗？

（3）老子说，无和有是众妙之门。美国的经济政策、外交政策、国防政策，就是无和有的关系。为什么？在南海、中国香港、中国台湾、西藏和新疆这些问题上，一下子有美国的影子，一会又无？只有一点是真的，美国是帝国，他的经济政策，对美元指数的影响和作用，从来都有其外交和国防的配合，模块化，随时拆装。

我们对比一个例子就很清楚这种配合。我们先看一则新闻。2015 年 10 月 27 日，美国有线电视新闻网（CNN）报道，美军将派出"拉森"号导弹驱逐舰，前往南沙群岛中的渚碧礁及美济礁一带水域航行，并会同时派出 P-8A 侦察机到该海域巡逻。该行动已获得美国总统奥巴马的批准，最早于 27 日夜间展开。那么最后，这艘"拉森"号导弹驱逐舰巡航到什么程度呢？距离南海岛礁 12 英里范围。这是什么概念？赤裸裸的挑衅。这个时候美元指数是多少呢？我们查一下，98 左右。

2015 年 12 月，美联储加息之后，一直在 2016 年 5 月前，美元指数始终徘徊在 95 以下。这段时间，美国在南海做了什么？真的什么都没做，除了挑唆几个国家"瞎叫叫"。但就在 2016 年 5 月 19 日（周四），美国突然爆出在 17 日南海上演过"不安全拦截"事件。而当天凌晨北京时间 2 点，美联储再次放出加息烟幕弹。美元指数迅速上涨到 95。之后，南海问题急剧恶化。天下竟会有这么巧合的事情？

不管如何，你只需要记住一句价值千金的话，一旦美元指数上涨到 100，噩梦开始。我们能够做什么，什么也不要去做，什么股票也不要去炒。远离股市，现金为王。

第十二节　正确探寻主力之 Shibor 利率的秘密

事物永远处在变化发展之中。——《唯物辩证法》

对于这句话，我们每个人都不会陌生。我们或多或少在很多地方见到过。为什么伟大的投资家都有自己的哲学。比如熟知的巴菲特，他的价值投资理念就是他的投资哲学。再比如，索罗斯，反身理论。以前学界还特别推出了一本关于巴菲特的合作伙伴查理·芒格的必读书籍，《查理·芒格的智慧：投资的格栅理论》。全篇没有讲如何投资，都是在讲人文思想，还是哲学。哲学是我们看待世界的一种方法。

正如笔者一再强调的，基本分析的实质是通过经济消息、经济数据、经济信号，然后剥丝抽茧，一点一点辨析主力资金的蛛丝马迹，以期在基本面上确定主力资金进出 A 股的"踪迹"。但主力是不可能让我们一帆风顺、一劳永逸的。实事求是地说，有很多要素，在这次牛市起点分析得到了应用，但在下一次，不一定能够如期成功。反之亦然。比如，为什么我们现在分析 2014 年股市要考虑德债收益率，以前没有考虑过德债收益率。那是因为欧债危机加剧后，欧洲大量的避险资金齐聚在德国，资金的聚集方式发生了变化。分析欧洲的游资，必须考虑德国，必须考虑德债收益率。我们分析基本面的要素，要实事求是，多联系此时此地的背景而考虑。

因而，我们分析主力资金进出的要素是变化的，并且这些要素可能这次管用，下次不管用；今天准，明天又不准，看起来不具备规律性。

但基本分析的目的，我们多次强调，是为了探寻到主力的踪迹，最重要的是要搞清楚主力是否会进入 A 股，何时会进入 A 股。我们可以这样理解，以后我们不论看新闻、经济数据，都要变换一种角度，千万不要站在散户的角度看 A 股。如果你还是站在散户的角度去看，只有追涨杀跌的命运，下场不是被套割肉，就是家破财失。你必须站在主力的角度看新闻、经济数据，看央行、监管层的表态，判断主力会怎么想，最后做出应激反应。所以只要你把握一条，把涉及主力资金的聚集方式及主力进出 A 股路径的全部要素都加以全面分析，只要当中的要素出现了异动，你就应该立即警惕起来，站在主力资金的思维方式和文化上去考虑。

你可能会问，为何笔者能从纷杂中探寻到一些蛛丝马迹，然后将其拎出来，又可以组装在一起。很困难吗？其实你可以看到，在前文笔者所表述的种种方法，并不是什么大道理，也不是什么高科技，但这就是盲利。笔者只是想再次提醒你，想在股市里生存下来并赚到大钱，你必须从主力资金的角度考虑问题，从主力进进出出带来的波动来看待问题。"凡走过的必留下痕迹，凡寻找的必能找到"。我们必须放眼全球，从美国华尔街、欧洲的角度考虑资金的去向，跳出我们所熟知的文化价值体系，学习、学习、再学习，研究、研究、再研究，方能成就大事。

有朋友经常询问笔者对目前的行情走势如何判断。虽然我们现在还没有完全把基本分析介绍完，但仅凭前期的几个基本分析要素看，相信你也会有非常直接的判断。还是那句老话，只有大资金进入 A 股，才会有大行情。我们来看，根据公开的信息，依据笔者建议你的几个要素便可得知。这里要插一句。我们都是普通人，这点首先我们自己要承认，这是我们跟机构、跟内部消息者相比最大的劣势。我们不能总是渴望靠别人透露一点内部消息，这个问题笔者也会在后文具体分析。在 A 股市场，你不可能回避内幕消息或者说是小道消息。七大姑八大姨等亲朋好友总是会非常好心地提示你，有什么样的内幕消息。但不是所有的内幕消息都能赚钱，什么样的内幕消息才可靠，需要我们做出判断。还是笔者一直提示你的，炒股核心靠自己。内幕消息发点小财可以，要发大财得靠盲利，你自己钻研出来的盲利。当然，笔者也会尽最大努力帮助你研发出你自己的核心盲利。笔者并不否定，目前 20%~30% 的短线行情不会出现。因为人民币贬值的预期，所以近期有色金属、黄金确实有一波短线行情。短线行情非常不好做，特别是对于普通人而言很难把握，每天盯盘、钻研花费的时间太长，而且个股盘中庄家也多，一着不慎很容易被洗盘。笔者建议普通人还是老老实实耐心等一等大行情，把这些短线行情交给全职炒股的专业交易者去做。

"凡走过，必有痕迹"。主力再怎么谨慎，再怎么低调，我们通过科学严谨、细致入微的剥丝抽茧一样可以发现他们的行踪。抗日战争时期，我党并没有国民党那么强大的情报系统，一样能打胜仗。而国民党那边，拥有英美等国很多情报共享，奸敌数量基本与我党敌后战场持平。所以，从这个角度看，我们作为普通人也有信心，完全可以取得超收益。

笔者是南方人。我们南方话讲得很多，做事靠朋友，要相互抬庄。股市也是一波波资金抬庄上去的。请你注意，笔者的用词，一波波。之前，笔者已经帮助大家对世界上大约 15 万亿美元的游资进行了初步分析，大概可分为几路性质，各有什么特性。最关键是笔者希望帮助大家看清，这些资金会如何进攻，将如何撤退。这就好比排兵布阵，先把敌人未来可能进攻、撤退的地方搞得清清楚楚，然后守得严严实实。敌方不从彼进出，就从此进出，大概的方向就这几条路，我们都搞清，就能战胜。第一，最强大的是，美元指数的涨跌会对整个国际游资产生深刻影响。第二，是欧洲游资。这些资金是最具有眼光的，一般会最先建仓埋伏下来。第三，是国内主力机构投资者，比如汇金、社保，自然也是"春江水暖鸭先知"。在这类资金启动买入后，这时A股会有一定涨幅。第四，市场中各类私募、企业类游资就开始进场扫货了。第五，国内的机构投资者，例如保险、基金就开始加速入场。第六，就是散户进场接货了。于是，A股就在这一波波的资金接棒中，完成了上涨。

我们必须承认，研究国内主力机构，比如汇金、社保以及保险、基金存在较大困难。信息严重不对称，他们不会让我们了解任何行踪。但是，对于市场中各类私募、企业类游资，我们则拥有一件利器，Shibor利率。

上海银行间同业拆放利率（Shanghai Interbank Offered Rate，Shibor）是由信用等级较高的银行自主报出的人民币同业拆出利率计算确定的算术平均利率，是单利、无担保、批发性利率。目前，对社会公布的Shibor品种包括隔夜、1周、2周、1个月、3个月、6个月、9个月及1年。

按照学界的解释，Shibor的波动变化反映了银行间资金头寸的松紧情况。也就是说，当资金宽裕时，Shibor就会下跌；而当资金紧张时，Shibor就会上涨。作为一名投资者，你不能简单越过，还需深知这个指标的异常重要性。我们要知道，在国外发达市场，企业融资主要依靠的是债券，其次是股市，最后是银行。比如截至2014年6月底，美国债券市场存量约为45万亿美元，是股票市场规模（股市总市值为24万亿美元）的1.8倍。美国债券市场种类丰富，按发行主体可分为国债、市政债券、抵押支持债券和资产支持债券、公司债券、联邦机构债券、货币市场工具等。而在中国，由于我们一直对股市和债市产生的潜在泡沫以及由此可能引发的恶性通货膨胀具有高度警惕，所以一直以来不自觉地排斥股市和债市，而是大力发展银行业。这就造成了银行业规模一家独大。例如，2015年上半年，中国社会融资规模增量为8.81万亿元，人民币贷款增加6.56万亿元，而这些贷款就是由银行发放的。而这6.56万亿元，中间又有6171亿元短期贷款，2.31万亿元是企业中长期贷款。

所以，我们必须知道，这个指标实际上反映了企业在银行融资的"多"或者"少"。我们必须要掌握这一中国的独特"社情"。我们一再提到，资金是股市上涨的主要动力。2008年金融危机以来，大量中小企业经营困难，这时，大量的企业主会将资金投放到比实业更高收益的其他产品，什么赚钱投向什么。资金又是贪婪的，天生渴望放大杠杆，有钱赚，向银行融资就会越多。相反，没钱赚或者收益低，则向银行融资就会越少。

马克思曾经说过："一旦有适当的利润，资本就胆大起来。如果有10%的利润，它就保证被到处使用；有20%的利润，它就活跃起来；有50%的利润，它就铤而走险；为了100%的利润，它就敢践踏一切人间法律；有300%的利润它就敢犯任何罪行，甚至冒着绞首的危险"。这就好比你原先有1000万元存放在银行，而这时有了一款10%收益率的理财产品，如果这时银行贷款利率低于10%的收益率，追求高收益的冲动会迫使你以这1000万元作为抵押，大量向银行贷款投入高收益产品。上述10%收益率的例子还是保守的，当股指期货推出后，收益率至少放大5倍，一旦股市开始启动，大量资金就会向银行拆借资金冲向股市。所以炒作A股，必须要与我国最大的资金来源地——银行相挂钩。

我们再看Shibor利率的定义：当资金宽裕时，Shibor就会下跌；而当资金紧张时，Shibor就会上涨。这样一来，一旦我们发现Shibor利率发生异动，特别是 Shibor 利率突然发生暴涨时，我们就可以知道，此时市场必然出现资金短缺，需结合其他要素分析股市是否可能爆发行情。

华尔街的资金、欧洲游资属于埋伏型，它们一般在牛市即将启动时进入。而 shibor 利率所反映的国内企业类游资拆借资金，则属于冲刺类，他们一般在牛市刚刚启动时进入。所以，如果此时 shibor 利率发生了异动，我们则需要关注了。我们再来梳理一下，shibor 利率如果发生异动，实际上反映的是国内游资进出 A 股的情况。我们来看一下，还是以 2014 年牛市为例。

图 2-26 是 2014 年 9 月 1 日至 2015 年 8 月 31 日，1 个月 Shibor 品种的走势。这个区间，涵盖了上一轮牛市的全过程。当然你可能会问了，为什么使用 1 个月的 shibor 品种，而不是用 3 个月或者 6 个月的 Shibor 品种。我们要理解，对于游资而言，成本既是生命，而且它们的操作风格多以短、平、快为主。

图 2-26　2014~2015 年 Shibor 利率走势

首先，Shibor 利率是从 2014 年 11 月中下旬开始急速上升，说明从这个时候开始，游资开始拆借资金抢筹码。需要注意的是，中国人民银行决定自 2014 年 11 月 22 日起下调金融机构人民币贷款和存款基准利率。那么我们是否可以这样理解，即使是处于降息通道，又不是进入年底资金拆借高峰期，shibor 利率却是不降反升，而国内的另一大资金池——房地产也没有出现明显涨幅，是不是可以说明国内游资大量拆借资金？

估计你还会疑问，为什么 2014 年 12 月至 2015 年 1 月，Shibor 利率会一飞冲天？那是因为，除了游资大量拆借资金进入股市外，还有很多机构在年底存在大量资金拆借的需求，所以两方面因素叠加造成了年底前后 shibor 利率一直居高不下。

剔除年底拆借资金的这个因素，我们可以看到一直到 2015 年 4 月，shibor 利率一直在高位徘徊。4 月之后，Shibor 利率高位跳水，说明什么？我们是否可以判断，大量游资开始放弃拆借资金，逃离市场呢？当然，你又会问道，A 股是在 2015 年 6 月发生股灾的，与 Shibor 利率异动时间明显不符。

我们要理解游资等主力资金的特点。主力永远不会卖在最高点，最高点永远是后知后觉的机构或者个人在接盘。因为，股市是一个零和博弈的游戏，一个买家永远对应一个卖家，一个卖家永远对应一个买家。主力肯定是卖在次高点的，因为主力的资金量太大，一下在某个高点全部抛出，必然造成崩盘。主力必须一边拉升，一边抛售；一边抛售，一边拉升，这样才能顺利脱身。这样，我们就能知道，上一波牛市结束必然晚于 Shibor 利率的跳水。

第十三节 正确探寻主力之外汇储备的秘密

遵照惯例，我们一样先要重新解读一下外汇储备。同样我们可以百度知道，外汇储备（Foreign Exchange Reserve），又称为外汇存底，指为了应付国际支付的需要，各国的中央银行及其他政府机构所集中掌握的外汇资产即外汇储备。外汇储备的具体形式是：政府在国外的短期存款或其他可以在国外兑现的支付手段，如外国有价证券，外国银行的支票、期票、外币汇票等、主要用于清偿国际收支逆差，以及干预外汇市场以维持该国货币的汇率。其实说白了，你可以这样理解，外汇储备就是我们国家通过对外贸易赚回的外国钱。

我们还需要有一个概念，国际热钱进入中国必然会增加中国的外汇储备。因为我国是外汇高度管制的国家，实行的是资本项目严格管制，所以每入境 1 美元，都会反映到外汇储备上。当然，这也是因为资本项目被严格管制，所以热钱肯定不能通过正常渠道进入，他们会通过地下钱庄，以贸易的形式周转进入。这样一来，虽然我们分析外汇储备面临一个难题，无法区分哪些是热钱，哪些是正常的外贸流水。但是，只要我们结合此时的实际贸易情况，发现这个数据突然出现异动，就能从中发现热钱的踪迹。

当然，在 2014 年前，这个数据一直都很正常，没有任何特别之处。我们以 2006 年大行情为例分析。图 2-27 是 2006~2008 年的一轮大行情。

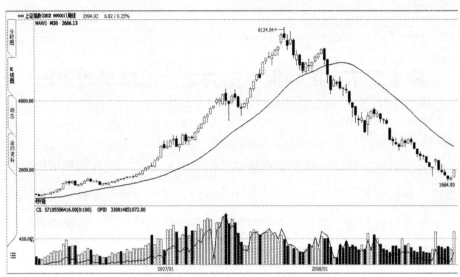

图 2-27　A 股 2006~2008 年行情走势

从图 2-27 中可以看出，行情一直上涨到 2007 年 10 月。从 2007 年 10 月之后，大盘一直暴跌，直到 2008 年 11 月大盘开始反弹。

表 2-2　中国外汇储备（2006 年）

单位：亿美元

月份	数额
1	8451.80
2	8536.72
3	8750.70
4	8950.40
5	9250.20
6	9411.15
7	9545.50
8	9720.39
9	9879.28
10	10096.26
11	10387.51
12	10663.44

表 2-3　中国外汇储备（2007 年）

单位：亿美元

月份	数额
1	11046.92
2	11573.72
3	12020.31
4	12465.66
5	12926.71
6	13326.25
7	13852.00
8	14086.41
9	14336.11
10	14548.98
11	14969.06
12	15282.49

表 2-4　中国外汇储备（2008 年）

单位：亿美元

月份	数额
1	15898.10
2	16471.34
3	16821.77
4	17566.55
5	17969.61
6	18088.28
7	18451.64
8	18841.53
9	19055.85
10	18796.88
11	18847.17
12	19460.30

　　然而，我们来看一下 2006 年、2007 年、2008 年我国的外汇储备，实际上看起来二者并无关联。因为外汇储备一直在暴涨，根本无法看清外汇储备中游资的变化情况。但是事物是普遍联系的。这是笔者一再提到的，我们不能以单点逻辑、线性思维看待问题，如果一个单点不能说明问题，

则需要转换角度，从其他角度分析。还是看星星，如果你从单点上看是星星，但是天空上还有其他星星，当我们进行系统思考时，你就会发现原来那是一个星座。福尔摩斯就是这样判案的。当然我们不能先入为主地假设一个观点，然后找到若干实际不相干的资料去印证，这也是不科学的。我们提倡的是，你尽可能地收集资料，资料中的蛛丝马迹完全汇总地在一起，指向了主力资金唯一的走向，这才是科学的系统思维方法。

所以，外汇储备这个要素在前期的股市行情中，完全没有反映主力资金的痕迹，没有发挥作用。但是在 2014 年的这波行情中，外汇储备的异动首次显示出了主力资金的狐狸尾巴。

前文一再提到，分析任何要素，一定要站在此时此地的背景，需要搞清楚这些要素产生的原因以及扮演的作用。比如分析德债收益率，以前德债收益率并没有什么特别之处，但是欧债危机一来，大量避险资金齐聚德国，这是德债收益率值得重视的原因。那德债收益率的作用是什么，反映避险资金进出的路数。

所以，按照这种思路，我们看一下我国的外汇储备。前文提到过，外汇储备基本是靠对外贸易赚来的钱。既然是对外贸易，那我们首先要分析到底与哪些国家做贸易，或者说巨大的外汇储备因何而来。

我们看两条新闻，很有意思。2014 年我国对欧盟、美国双边贸易稳定增长，对日本、中国香港贸易下降，对新兴市场贸易表现良好。欧盟、美国、东盟、中国香港和日本为我国前五大贸易伙伴。其中，我国对欧盟、美国的双边贸易额分别为 3.78 万亿元、3.41 万亿元，分别增长 8.9%、5.4%；对中国香港、日本的双边贸易额分别为 2.31 万亿元、1.92 万亿元，分别下降 7.2%、1%。而到了 2015 年，我国一跃而升，超过加拿大成为美国的第一大贸易伙伴。我们看这条来自腾讯财经的新闻。

中国今年超加拿大 首次成为美国第一大贸易伙伴

看中国 腾讯财经［微博］ 2015-11-05 08：33 我要分享▼ ★ ▢ 52

腾讯财经讯 彭博社 5 号报道，中国今年将超过加拿大首次成为美国的第一大贸易伙伴，因油价大跌导致加拿大对美国的能源出口值面值降低。

据美国商务部数据显示，今年 1~9 月美国对中国的商品贸易额达到 4416 亿美元，首次超过美国对加拿大的商品贸易额 4381 亿美元。周三公布的数据显示，当下美国对中国的贸易逆差为历史最高水平，主要原因是进口额创纪录高位。

图 2-28 我国成为美国第一大贸易伙伴

我们都知道，我国以贸易立国，是对外依存度非常高的经济体。那我们是否可以建立这样一种框架，既然美国是我国的第一大贸易伙伴，那么美国经济的好坏对我国的出口有着巨大的影响，即美国经济的好坏决定了我国外汇储备的多寡。美国经济好，我国外汇储备增量多；美国经济差，我国外汇储备增量少，或者说负增长。让我们通过数据说话，看一看美国经济与我国外汇储备是否存在上述关系。我们将以 2014 年 6 月~2015 年 7 月的数据分析，因为这一段的数据正好涵括了上一轮大行情的牛市与熊市开始的时点。

分析美国经济，其实很简单。美国人制造了很多世界通用的经济指标，但是大道至简，美国人自己用起来反而选取最简单的经济指标，就能说明问题。我们来看一下，仅仅选取美国的 ISM 制造业指数就能反映整个美国宏观经济。该指数被认为是美国经济的先行指标，也叫作景气指数，该指标的变动往往预示了经济的变化情况。

在这里插一句话，也是一点感慨。有很多朋友认为基本分析很难，需要大数据，很多数据来源也很不好找。而且一看很多券商等机构做的报告，真的是高大上，非常漂亮，很精致。自己看到后立刻就泄气了。其实我们做基本分析，是为了自己用，不是用来取悦别人。一定要注意，我们分析数据是为了自己的研究，只要能够说明问题、能够赚钱，拿来用就行。说到这里，笔者联想到 2002 年刚开始上学的时候。那时候有一份很有名的报纸《经济观察报》，里面天天刊登的都是很多当时很牛的企业。每天看这份报纸，笔者都热血沸腾，幻想有朝一日笔者也能平地而起创建一个明日帝国，对炒房、小买卖都视而不见。结果，当年笔者的几个朋友，两个靠炒房，三个在汉正街进货然后在淘宝上卖衣服，早都发财移民了。最后，笔者以前仰慕的几个牛企业，惠普、诺基亚等都已成明日黄花了。所以，要发财真的不要妄想，踏实钻研才是真理。

现在资讯这么发达，很多概念、数据都能从网上免费获得。比如我们这里要用到的美国 ISM 制造业指数就可以从"迈博汇金"上查到。搜索迈博汇金四个字，从官网上下载一个慧博智能策略终端。注册一个账号，就能免费查看所有券商的研究报告。更神奇的是，这个智能终端，还有一个宏观数据分析系统，可以查看主要发达经济体的主要宏观数据，比如我们下文即将用到的 ISM 制造业指数。

现在我们继续看 ISM 制造业指数。该数据是通过调查执行者对未来生产、新订单、库存、就业和交货预期评估美国经济状态。尽管制造业占GDP 中很小的一部分，但是制造业的波动对 GDP 的变化有着重要作用。因此，制造业的发展通常先于整体经济，令 ISM 制造业数据成为经济反转的领先指标。经过一段时期的衰退后，对制造业产品需求的加速，即 ISM 数据上涨，暗示经济将转向上行。反之，在经济扩张时期，制造业订单和生产放缓，暗示经济减速。请注意上面这段话有个重要关键词需要引起我们重视，就是领先指标。领先指标，往往有预测经济转向的作用。所以，我们从 ISM 制造业指数图形看，就很清楚知晓经济的变化情况。具体来看图2-29 ISM 制造业指数图形。

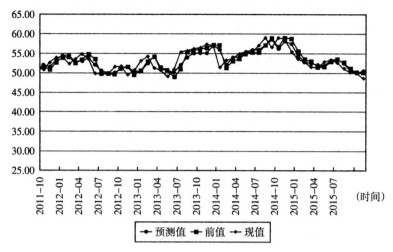

图 2-29　美国 ISM 制造指数走势情况

ISM 制造业指数的走势非常清楚。2014 年以来，ISM 制造业指数一直向上走稳，于 2014 年 10 月前后到达峰值，此后一路暴跌，于 2015 年 5 月到达底部，而后略微反弹，2015 年 7 月再次到达局部高点，之后继续下跌。

我们一再提到，我国以贸易立国，现在又成为美国的第一大贸易伙伴。你还记得 2008 年圣诞节前后的一则新闻吗？美国人深陷次贷危机，节都过不好，没有多少人购买圣诞礼品。由于接不到美国的订单，直接导致当年我国大量加工企业倒闭，很多人春节都没过好。所以，我国的外汇储备必然与美国经济绑定，一荣俱荣，一损俱损。

2014 年 6 月末，我国外汇储备达到 3.99 万亿美元，创历史新高。2014 年 7 月末，我国的外汇储备缩减到 3.65 万亿美元。这里有必要解释一下，为什么 2014 年 6~7 月，外汇储备短短 1 个月会缩减 3000 亿美元。从 ISM 制造业指数看，2014 年 6~7 月，还是继续上升，所以不是贸易的问题。美元指数在这期间也没有较大波动，也并非是美元资产缩水的问题。

那是什么原因导致我国外汇储备短时期内损失严重呢？这里要补充介绍一个背景。我国外汇储备在 2010 年之前主要以美元、美债为主，2010年之后逐步转变为美元、欧元、黄金、石油等多种资产为主。所以，我们可以推测，是不是外汇储备中欧元等非美元资产发生了重大缩水？我们来看一下，欧元等非美资产在 2014 年 6~7 月的走势情况。从图 2-30 可知，欧元正好是从 2014 年 7 月 1 日的高位一路暴跌。

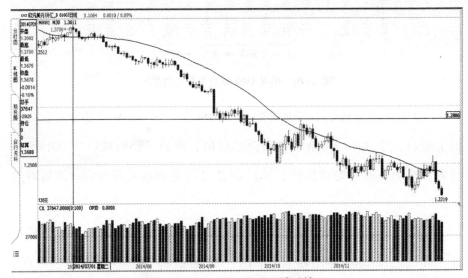

图 2-30　2014 年 7 月欧元涨跌情况

黄金大概也是从 7 月开始，从 1344.95 的高位一路暴跌，如图 2-31所示。

原油则从 6 月末，同样一路暴跌，如图 2-32 所示。

所以，综上判断，我们可以得知：我国的外汇储备从 3.99 万亿美元的高位暴跌到 3.65 万亿美元，这无关贸易。为什么要把这个问题讲清楚？因为我们做数据分析，一定要实事求是，考虑哪些因素，剔除哪些因素，一定要结合数据的背景。在这里插一句，从上面的分析可以知道我国外汇储

图 2-31　2014 年 7 月黄金涨跌情况

图 2-32　2014 年 6 月原油涨跌情况

备结构的潜在问题，一方面因为贸易要受制于美国，因为外汇储备中有大量美债要受制于美国，另一方面因为结构的问题，受制于欧元、黄金、石油等非美资产，其实还是受制于美国！

到了 2014 年 8 月之后，因为非美资产缩水的问题已经显现，但同时因为贸易增长的原因，一减一增，外汇储备一直保持在 3.5 万亿美元左右。8 月末，外汇储备是 3.56 万亿美元，9 月末是 3.51 万亿美元，10 月末是 3.53 万亿美元。如同图 2-29 ISM 制造业指数显示，11 月美国经济出现拐点，迅速影响到我国外汇储备，11 月末外汇储备迅速缩减到 3.44 万亿美元。

紧接着就是戏剧化的开始。2014 年 11 月以后，我国外汇储备并没有随着 ISM 制造业反映的美国经济下降而下降，两者发生了严重背离。12 月，外汇储备这一数据反而暴涨到 3.84 万亿美元。这期间，外汇储备中的非美资产还是一如既往地跌，没有发生扭转。所以，在这些其他因素没有发生变化的前提下，外汇储备从 3.44 万亿美元增长到 3.84 万亿美元，有理由相信，这增长的 4000 亿美元，有很大一部分是国际游资。当然它也有一个好听的名字，叫作热钱。

不要小看增长的 4000 亿美元。我们假设其中的热钱只有 1/4，即 1000 亿美元，它们进入境内，通过金融机构比如银行放大杠杆，我们不说太大的杠杆，就 10 倍，就有 1 万亿美元。所以我们看图 2-33，2014 年 A 股一改原有的慢牛，开始加速暴涨。

凡是背离，就有看点，我们需要着重分析。这些国际游资进入后，牛市彻底启动，加速暴涨了。紧接着，2015 年以后，外汇储备一直维持在高位，要注意，美国 ISM 制造业指数可是一直在递减，二者一直发生背离。2015 年 1 月末，我国外汇储备余额 3.81 万亿美元，2 月末 3.80 万亿美元，3 月末 3.73 万亿美元，4 月末 3.75 万亿美元。

我们再回顾一下。2015 年 5 月前，ISM 制造业指数与外汇储备的背离情形是，ISM 制造业指数一直在跌，而我国的外汇储备一直在涨或是维持

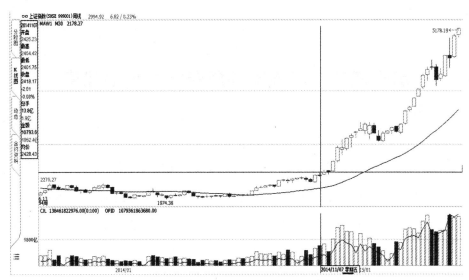

图 2-33　A 股自 2014 年 11 月之后加速暴涨

在高位。而 2015 年 5 月，仍然是背离，但背离的情形发生了改变。美国 ISM 制造业指数开始从低点反弹，而我国外汇储备开始迅速下降。说明什么？国际游资在撤离。

2015 年 5 月末，我国外汇储备为 3.71 万亿美元，6 月末为 3.69 万亿美元，7 月末为 3.65 万亿美元。而 2015 年 5~7 月，ISM 制造业指数却在反弹好转。可能你会问，在上一波行情时段中，2014 年 12 月最高峰值的外汇储备达到 3.84 万亿美元，而 2015 年 6 月末熊市股灾启动时点的外汇储备是 3.69 万亿美元，之间差额也只有 1000 亿美元，考虑到杠杆作用，也只有 1 万亿美元，撤离的游资资金量太少，不能说明是 2015 年 6 月股灾的真凶。你需要清楚，资金是边拉边吸，卖出也是如此，不可能在某一个点位集中卖出，所以就摊平了出货量，在最高位的时点完全看不出多大的出货量。我们需要理解其中的规律。

第十四节 正确探寻预期之高盛的秘密

投资是一种重要的经济活动，受预期因素作用影响巨大。预期使投资者将预期心理与投机活动相结合，继而采取不同的投资策略，由此使市场发生供求变动，对市场涨跌进行推波助澜。比如，预测股市回暖上涨，我们会买入；预测股市低迷，我们会卖出。很多时候，不管我们是否承认，我们都是基于预期而进行投资。可以说，有市场，就有预期。既然有预期的作用和影响，我们就需要高度关注预期的一致性问题。多数情况下，投资者预期变化莫测，对股票价格不可能有全面的认识，不同的投资者基于不同的判断，其预期往往难以达成一致，导致投资者买卖的方向会出现巨大差异，市场可能上下波动，形成震荡市。

投资者的价格预测和交易会影响股票价格，股票价格运动的反馈又会即时修正投资者的认识。市场活动就是这样依靠投资者心理活动的综合表现。所以，我们可以这样判断，一旦投资者预期达成一致，就会明显助推股票价格上涨或者下跌。这是我们挖掘宝藏的秘密。但是，预期如何来判断呢？

市场上有很多的信号，是一种预期的直接反应。比如，美股的恐慌指数。恐慌指数上升，反映大众对于股市的谨慎；恐慌指数下降，则表明大众对于股市乐观。很抱歉，在 A 股中我们并没有发现具有显著性意义的恐慌指数信号。所以，我们必须调整思路，试图在 A 股之外寻找出能够反应预期的一种事物或者指标。

"信春哥，得永生"是前几年的一个热词，虽说是一句戏言，但实际也是一种预期，反映了大众迷恋权威，或是对于权威的认同。这样一来，是否可以理解，权威能够引导大众的预期变化，甚至在质变时刻，引导大众的预期空前一致？如果是这样，把握权威的意图，就能够把握大众的预期。

世界金融的权威是华尔街，屹立在纽约的心脏，是世界绝大多数游资的操盘手。而高盛，经历多次金融风暴，仍然屹立在华尔街，是华尔街的权威和灵魂。"影响美国经济的只有200多家企业，而操纵这些企业的只有六七个犹太人。"美国前总统罗斯福曾这样感叹。高盛，是由犹太人创建的一头金融巨鳄。高盛，华尔街之王，"信高盛，得永生"。把握高盛这个权威的声音，我们就能从侧面把握整个国际游资的预期。

研究高盛，我们必须重视高盛的犹太背景。犹太人操盘讲求一个变化和一个狠。这个过程很重要，要研究资金的运作规律，你必须深入研究他们的文化。日本人讲求服从和集体主义，所以他们的资金路数很单一，直来直去，这种做事风格、资金调动、建仓布局很容易被发现。当然，这一点与中国类似。所以，日本和中国产生不了大的投资家。笔者一再强调，投资是什么，是脑与脑的对抗，不是机械的按照什么指标、什么数据操作。我们要向犹太人学习。目前全球市场，最大的游资是谁控制？华尔街的犹太人。明里，有索罗斯和巴菲特。暗里，有那些犹太人在背后控盘，公开资料根本看不到。犹太人行事与常人不一样。在华尔街，顶级的操盘手法，都是导师带徒，一人传一人。为什么索罗斯和巴菲特那么注重挑选接班人，以管窥全貌。

犹太人操盘讲求变化，跟我们想的完全不一样。前段时间挨打的宋鸿兵先生写过一套《货币战争》，平心静气地讲，你可以找来看看，很不错的一套书，起码把犹太人的一些秘密告诉大家。当然，笔者看到的资料和做的功课不止这些。要分析犹太人运作资金的规律，你必须非常熟悉犹太人的文化，至少要简单了解。人民出版社，张倩红著作的《犹太文化》介绍给你，有空可以了解一下。简单地说，什么是犹太文化，犹太人几千年的苦难，造就了犹太人行事低调、灵活，讲求策略。犹太人骨子里有一种天生的优越感，作为上帝的子民，他们天生对于异教徒的世界存在一种毁灭的期望。熊彼特，著名的犹太经济学家，提出的"创造性破坏"理论深入人心。这就很好理解，为什么华尔街最喜欢做空其他市场。你何时听到索罗斯做多过什么品种，索罗斯的历次战役，均以做空为名。从英国、越南、泰国到中国香港，索罗斯哪次没有身先士卒去阻击。如果你对这一段历史不熟悉，强烈推荐郎咸平教授的《郎咸平说：新帝国主义在中国2》，通俗的语言演绎了索罗斯的全部做空"劣迹"。是索罗斯天生喜欢做空吗？是的，这就是犹太人的天性，这是他们的文化造就的。

可能你会说，巴菲特不是最喜欢做多吗？巴菲特的最大口号就是，买、买、买。但是你要清楚巴菲特还说过一句话："下跌才是买进的最好时机"。什么叫作下跌？巴菲特还说过："别人贪婪时我恐惧，别人恐惧时我贪婪"。什么时候是别人恐惧的时候，是不是崩盘的时候。所以巴菲特骨子里跟索罗斯是一样的，喜欢崩盘。只不过二人的操作手法，一人是做空导致崩盘或崩盘时猛烈做空，而另一人则在崩盘后捡漏，猛烈做多。二人本质没有什么不同，犹太人的文化造就了他们的趋同性：崩盘。

犹太人善于砸盘，但是砸盘之前，首先得把市场炒作起来，正所谓涨得多高，砸得才会多狠。当然犹太人运作资金会很灵活，会为了某一个市场布局很长时间。要跟踪犹太人资金布局，花的时间肯定很长，需要持续跟踪，收集很多信息。但是，我们可以发现，高盛开口必定会有事件发生。我们只需关心高盛何时开口对 A 股表现出兴趣，只要高盛对 A 股发表言论了，就意味着市场预期已出，犹太人主力对 A 股发生兴趣了，他们可能要行动了。

我们可以凭借高盛近期的表现验证此种逻辑的真伪。请你在百度中使用关键词搜索"高盛+中国"，你会惊喜地发现，2014 年高盛对 A 股最密集的评价，全部集中 11 月至 12 月前后，这是什么时点？上一波牛市启动初期。高盛的具体言论如图 2-34 所示。

● 高盛看多明年中国股市　称 A 股流动性无忧
华龙网　2014 年 12 月 02 日　13：00
● 高盛看多明年中国股市　称 A 股流动性无忧
中国日报　2014 年 12 月 02 日　13：00
● 高盛看多明年中国股市
中证网　2014 年 12 月 02 日　07：00　　20 条相同新闻>>
● 高盛继续看好中国股市
东方财富网　2014 年 11 月 30 日　10：00
● 高盛：中国一类股票存暴涨机会
中国财经信息网　2014 年 11 月 27 日　16：30　　6 条相同新闻>>
● 陈宏：要做中国的高盛
腾讯财经　2014 年 11 月 27 日　15：00　　3 条相同新闻>>
● 高盛：中国股市 2015 年投资策略
财信网　2014 年 11 月 26 日　15：23
● 【金融泡沫大时代】高盛：2015 年中国股市将有两位数回报
华尔街见闻　2014 年 11 月 25 日　21：20
● 高盛：继续看好中国股市　明年涨 14%
新浪财经　2014 年 11 月 24 日　14：00　　24 条相同新闻>>
● 高盛预计中国股市 2015 年底将"强劲"上涨 14%
网易财经　2014 年 11 月 24 日　14：00

图 2-34　2014 年 11 月高盛看多 A 股言论

那么，进入 2015 年 6 月 A 股高点，高盛再次开口，这次它在提醒机构可以做空 A 股，如图 2-35 所示。

如果你认为高盛一直在讲真话，那你就错了。A 股股灾发生之后，你会惊奇地发现，高盛又转向了，它在提醒可以做多 A 股。这么大的股灾，

● 高盛"假设"中国股市崩盘：这个策略还可从中赚钱
和讯　2015 年 06 月 12 日　09：34　19 条相同新闻>>
● 高盛"假设"中国股市崩盘：这个策略可以赚钱
MSN 中国　2015 年 06 月 12 日　08：00　2 条相同新闻>>
● 高盛"假设"中国股市崩盘：这个策略可以赚钱
MSN 中国　2015 年 06 月 12 日　08：00

图 2-35　2015 年 6 月高盛释放做空 A 股信号

作为最聪明的高盛还看不出来吗？当然不可能。但高盛还要跑出来，还要接二连三发报告，继续忽悠大众，买、买、买，如图 2-36 所示。

● 高盛：中国股市不会系统性崩盘　建议买入
腾讯证券　2015 年 07 月 14 日　03：06
● 高盛继续唱多中国　建议抄底 4 类股
新浪财经　2015 年 07 月 13 日　17：00　22 条相同新闻>>
● 高盛：中国股市大幅回调创造买入良机
中商情报网　2015 年 07 月 13 日　14：00

图 2-36　2015 年 7 月高盛建议做多抄底 A 股

所以，虽然我们需要高度关注高盛的言论，但是高盛天生言行不一，你千万不能因为他的判断而做出相应的投资决策。高盛真真假假，假假真真。唯有一件事情是真实无伪，高盛开口之后后续必然会形成巨大预期，从而影响国际游资的行动。

听其言、观其行，我们再看历史上的三则案例。他说买，背地里却在卖。他说卖，背地里却在买。这就是高盛的阳谋和阴谋。

（1）2002 年，国际投行集体唱空中国银行业，大造中国四大行技术上已破产的国际舆论。结果高盛等国际投行以很低的价格持股建行、中行、工行，最终赚取暴利。

（2）2008 年初，高盛发布研究报告，唱空 A 股。但证券登记结算中心当时公布的 QFII 账户显示，在"4·24"印花税行情启动前，QFII 在高盛的带领下精准抄底。

（3）2011 年 5 月中旬，高盛联合其他外资投行口径一致看多 A 股，认为 A 股估值处于历史较低水平，政策松动和随之而来的行情值得期待。但是仅仅过去 1 个月，外资投行又集体唱空 A 股。

但无论如何，"如果华尔街只有一家机构值得倾听，那么它就只能是高盛"。高盛的声音，吹响国际游资行动的号角和预期，你必须重视。然后，综合主力资金的行踪，作出全面的投资决策。

第十五节　正确探寻预期之监管层的秘密

笔者一直强调，为什么股票会涨，除了资金的影响，实际上是受制于一种预期的带动，不是直接受制于经济好坏。我们要"诱惑"这 15 万亿美元中的部分热钱进入 A 股，除了高盛登高一呼，A 股必须有一些监管层释放的红利事件，有一种高姿态，这样不管经济好坏，市场上涨才能期望。

让我们来看一下，历次牛市前，监管层有哪些大动作？

（1）关闭国债期货。1995 年 5 月 18 日~1995 年 5 月 22 日，股市受到管理层关闭国债期货消息的影响，三天上涨 59%。

（2）首提大力发展股票市场。1995 年 9 月底，中共中央十四届五中全会明确提出"积极稳妥发展债券和股票融资"，上交所还下调了股票基金的交易手续费。此后从 1996 年初牛市开始启动。

（3）救市。1999 年 5 月 18 日，证监会在北京召开专项会议，向证券公司传达朱总理批示证监会的八点意见，证监会向国务院提出了六项刺激股市的政策建议获得批准。此后从 1999 年 5 月 19 日，牛市开始启动。要注意，1999 年的"5·19 行情"是 A 股唯一一次井喷上涨爆发行情，此后的牛市均是慢牛。

（4）股权分置。2005 年 5 月 31 日，证监会、国资委发布《关于做好股权分置改革试点工作意见》。想必这波行情很多人都参与过，股权分置改革后，A 股走出了一轮史无前例的大牛市，沪指从 2005 年的历史低点 998 点走到了 2007 年的历史最高点 6124 点。

（5）4 万亿元。2008 年 11 月 10 日，国务院出台扩大内需十措施，确定 4 万亿元投资计划。不用说，又是一波牛市。

（6）沪港通。2014 年 4 月 10 日沪港通开展互联互通机制试点，11 月 17 日沪港通正式启动交易。2014 年 11 月之后，牛市开始启动。

很多事情要多总结，一总结就容易发现规律。凡是会出现牛市，在牛市前，监管层必然会释放大事件、大动作。这些大事件出台的目的，基本上都是为了拉动市场。但经过笔者的深入研究，必须着重强调的是，并非全部的大事件都能拉动股市，这两者间也绝非必然的因果关系。如 2001~2002 年，市场虽然也有管理层表现稳定市场的信心，大幅降息，恢复新股配售等大动作，但对股市影响不大。再如 2004 年 1 月 31 日，国务院发布《关于推进资本市场改革开放和稳步发展的若干意见》，史称"国九条"。"国九条"出台当天，沪深股市放量大涨，但此后股指仍然下跌。

所以，监管层出台的大事件，以及高盛的言论，都是我们可以捕捉到形成 A 股大牛市的必要条件，但非充分条件。我们先科普一下，什么叫作必要条件和充分条件。如果条件 A 能推出结果 B，那么 A 就是 B 的充分条件。如果由结果 B 能推导出条件 A，我们就说 A 是 B 的必要条件。在这里，我们就可以这样提出，A 股要形成大牛市、大行情，必然会有监管层的大事件及高盛言论。但是，监管层的大事件及高盛言论却无法带来大行情，我们还需要结合其他要素分析主力的踪迹，包括需要通过技术分析综合判断。虽说如此，你不能忽略必要条件的重要性，我们已经总结出来一个规律，大牛市启动前必然有监管层大事件，但是大事件并非绝对带动大牛市。那我们至少得出了一个结论，把握牛市需要关注大事件。如果监管层丝毫没有任何红利事件，那么即使再有其他要素的配合，大牛市、大行情也绝对无法出现。

现在假设已经有了一个大事件，这是我们的第一颗星星。那么主力也会看到这个大事件，他到底会不会遂我们的意愿进入 A 股，好了，我们也要听其言、观其行。听其言、观其行是我们接下来要找的几颗星星。只有我们在第一时间寻觅到它们的足迹，找到这几颗星星，我们才能勾画出完整的星座。这样才能知道它们何时进入 A 股，何时才能爆发大行情，我们才有机会搭便车赚大钱。如此一来，我们才算完成整个基本分析的工作。

第三章 技术分析

第一节 正确定义概念

首先按照惯例，我们要定义何为技术分析。前文我们说到，基本分析是分析资金和预期的一种方式，其具体分析的是一种趋势，研究到底，前期趋势是涨是跌。我们可以得知，基本分析只能框定一个大概时期的趋势波动，当然这个也很重要。但是，何时能够实现这个变局，就需要技术分析界定了。这就好比通过基本分析，综合各方面的因素，我们能够得知在2016年A股会有一波上涨行情。但是A股具体在哪天上涨，我们的资金何时买入，行情何时结束，我们何时卖出离场，基本分析没有办法界定，这需要依靠技术分析了。

所以，关键性的一句结论，研究基本分析，我们判断行情趋势和行情大小；研究技术分析，我们判断资金的进出加减（即入场点、加仓点、减仓点和最终的出场点）。一语中的，两相对比，希望这段话你能够熟记心头。

实事求是地说，技术分析有很多的糟粕。有很多专家，特别是学历高的高级知识分子对之嗤之以鼻。这确实也是有道理的。金融世界高深莫测，永远遵循着 20/80 法则，真正能够在市场持续盈利的人不会超过 20%，甚至比这一比例更低。简单地使用技术分析就能致富，确实让很多人，特别是高级知识分子心态难以平和。所以，在他们的思维逻辑里，技术分析更适合于草根。如果你是一位草根，你可能觉得庆幸，技术分析相对于基本分析而言，确实很简单，因为不需要掌握数据，你知道很多数据在市场都是被垄断的，需要花钱。而技术分析只需要一台电脑，进入门槛低，也不要太过脑，更别提中间有多少逻辑思维，只要会看图表，按图索骥即可。但是，不论你身份如何，笔者在这里也建议你不要先入为主去拒绝技术分析。

还记得笔者一再强调的吗？盲利。不论是基本分析，还是技术分析，在股市诞生的数百年间，一部分人通过基本分析获利，另一部分人通过技术分析获利，当然更多的人不论是用何种方法，如何操作都无法获利，或者短暂获利后迅速消失。这说明，不管怎样，技术分析就其自身而言，还是有一定的可行性和科学性的。我们在使用时需要取其精华、去其糟粕，找到其中的盲利点，这样才能赚大钱。

第二节　正确定义哲学基础

众所周知，技术分析的哲学基础，经过近百年的发展，被总结成两句很有名的话，我们一一解读一下。

"价格呈现一切"。这句话，其实是很有道理的。也就是上市公司盈利、运营情况，管理方式等基本面，都已经涵盖在了其股票价格的自身波动里。比如，上市公司盈利好，自身股票价格也会上涨；新产品销售好，产生了盈利预期，也会提升股票价格。所以，"价格呈现一切"这句话，可以得出的必然结论就是，大家不用再关心上市公司的基本面了，因为基本面任何的波动，都反映在股票价格的波动里，只要跟踪这种波动，在利空消息公布时做空，在利多消息公布时做多，或者反其道而行之，在利空消息公布时做多，在利多消息公布时做空。

听上去确实相当有道理。熟悉我们套路的朋友肯定知道，接下来要反驳了。笔者在这里严厉地反驳利用消息入市的坏习惯和很多散户的懒惰。A股95%的散户是被各种消息"弄死掉"的。首先我们看，这是典型的线性逻辑。即因为A，所以B。换到我们这个语言体系里，即因为上市公司基本面的变化，所以股票价格会相应发生变化。这其实与基本分析的逻辑思维错误"一脉相承"。当然，不得不说，上市公司基本面的变化，确实会带来股票价格变化。但关键问题在于，按照这种即A得B的逻辑，我们将永远慢市场一拍，永远被市场主力、庄家玩弄于股掌之间。

这是笔者希望着重强调的一个非常重大的问题，非常严肃而认真。从A股发展的这几十年看，形成了一种非常不好但又被市场广泛认可的现象，即散户天生应该被专家猎杀。从现在的舆论上讲，为什么要大力发展基金行业，提到的口号是"散户不配直接参与市场"，与其被庄家猎杀，不如购买基金，还能受到保护。其实这当中的前提逻辑就是，认为散户不可能战胜庄家，而庄家猎杀散户也是天经地义的。

这是典型的不合逻辑。请你记住，你不是任何人猎杀的玩物。所以笔者强调的是，不要相信价格会呈现一切信息，因为价格必然不会反映全部信息，千万不要利用市场上满天飞的信息去投资。比如，很多贴吧或者股评、某专家会时不时，而且悄悄地公布某些绝密消息，某上市公司即将新药上市，某上市公司准备收购什么知名企业。

笔者在这里要告诉你，要坚决杜绝消息炒股。如果以前有这种偷懒，寄希望于他人的坏习惯，要痛下决心改掉。为什么。简单地说，庄家为了自己的利益，在建仓的时候，会拼命公布利空消息，而在出货时，又会拼命公布利多消息。公布这些消息，无非是利用信息的不对称，狠宰你一刀。"价格呈现一切"，这就是庄家和市场盘剥你的第一个谎言，反映到技术图形，无非就是希望你能够追涨杀跌吧。你看到的可能是一两个人利用某些不正当消息盈利了，但是剩下的 99% 绝对就被这些消息猎杀掉了。

正确的技术分析哲学基础是什么，请你记好：第一条，与主力资金共舞。等待主力资金建仓完毕，等其拉升时，迅速进入，等其出货时，一同出货，坚决不做垫背，不站岗放哨。首先要树立这种思想，下定决心，排除万难。笔者一再鼓励你，在股市中任何人都可以成功，哪怕低学历一样可以成功。你需要的是盈利，是区别于市场的逻辑思考能力和判断能力。如何能与主力资金同步共舞，这一点如何做到、做好，这就是技术分析解决的核心问题。

接下来我们研究技术分析的第二大哲学基础。历史是可以重复的，行情也是可以重复的。可以说，这是技术分析安身立命的一个最大前提。为什么这样讲，因为我们先假设了 K 线或者某个图形可以被重复，那么我们才能按图索骥。基本原理就是这么简单。但是这句话不知道害死了多少人。翻遍市场上流行的股票书籍，通篇告诉你的必然就是，作者按照这个图形发了大财，所以读者你应该买这本书，跟作者好好学。然后，接着是另外一本书，按照这个技术指标，比如 KDJ 金叉，作者又赚了一大笔钱，好了，作者现在把这个指标也公布出来，读者应该买这本书，回去也可以对照着用。还是那四个字，按图索骥。即这些技术指标、技术信号、技术图形，已经假设其具备前瞻性或者说是预警性，能够预示下一步股价的走势。

坏就坏在这四个字，按图索骥。你能够了解，任何一波行情始终都有其规律。但是，按图索骥是不是规律呢？不能说完全没有规律，但是这中间规律性的东西太少，很多时候实际上不具备重复性和规律性。比如，KDJ指标，市面上的解读，无非是KDJ一出现金叉就买，一出现死叉就卖。但是你随便打开一幅走势图，比如图3-1，我们来看一下。注意观察十字光标处，明明KDJ中的J线已经拐头了，但是紧接着在股价下跌的带动下，J线又重新发挥跌势。这时候，我们明明希望通过KDJ中的J线金叉确定买点，但现实是KDJ拐头并没有形成股票价格的上涨，而是股票价

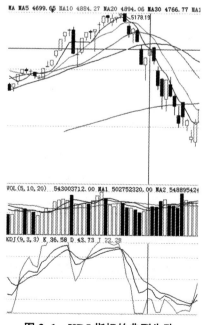

图3-1　KDJ指标的典型失败

格趋势带动了 KDJ 的变化，与我们原先期望的恰恰相反，这就是最典型的技术指标滞后性。

有时候确实 KDJ 出现金叉了，但是当你买入之后，你发现 KDJ 随即又转头向下了。所以你以为这些技术指标具备前瞻或者预示性，但是实际上，他们是滞后指标。什么叫作滞后指标，也就是行情结束后，你向前追溯，发现很多技术指标很好啊，金叉上涨，死叉下跌。但是实战中是滞后变现的，没有任何作用。笔者想跟你强调的是，实际上，这就是传统技术分析方法的最大问题。笔者刚才用的是 KDJ 指标说明这个问题，其实不只是 KDJ，很多指标、信号或者图形，都存在这个问题，你可以自己在盘中实证。

对我们而言，重要的是在实战中能够使用，技术分析信号也能够预测行情趋势。这些指标或者图形，不能只在复盘的时候有用，更多的时候，必须在实战中发挥作用。不能说是复盘时，确实可以指导，但是实战时时灵时不灵，这样就不具备规律性。规律性和一惯性是笔者提出的第二个技术分析哲学基础。打倒一个，然后树立一个。树立的这个能够在实战中使用。这就是我们陆续要展开的技术分析大幕。但是，在揭晓之前，为了进一步揭露笔者说明的问题，让我们看很多人是如何改良技术指标的。

很多专家或者大家，不可否认，他们都发现过这个问题。他们都在著作上或者公开场合为技术分析的滞后性想过办法。我们来看一下，很有意思。

图 3-2 "美股很美" 的微就说明了这样的观点博。

图 3-2　传统技术分析方法的混沌学说

对于大多数投资者而言，很难具备这样的技术分析水平，去应对这种混沌结构的图形。那么什么样的技术分析对普通投资者才有用，才具备笔者一再提到的规律性和一惯性呢，如何才能与专家同进退，与庄家共舞呢？到底什么样的技术分析才是笔者说的具备规律性呢，在这个行情也适用，在那个行情也适用，在 A 股也适用，在美股也适用呢？请你不要着急，笔者将在后文一一为你揭晓。

在本节中，笔者总结了技术分析哲学基础的两大弊病，同时抛出了笔者自己的哲学观点。笔者一再强调，投资是自己的事情，是脑与脑的对抗，既然是对抗，必然意味着交锋和不同。投资最忌人云亦云。如果你熟悉巴菲特的话就肯定知道，巴菲特在他几十年的年度报告中，提到最多的就是不要去做"旅鼠",即不要跟风投资。所以当市面上越来越趋同于什么价值投资、量化投资,还有技术分析经典书籍中强调很多的图形、指标,都不可信。信谁?信笔者吗?这是一个有点二元悖论的话题。一方面,笔者希望本书对你有帮助,观点对你有启发;另一方面,从内心深处讲,笔者从来不希望你盲信。投资永远是一种创新的事业,尽信书不如无书,投资是一件非常主观的事业,投与不投,如何投,都直接取决于你。什么叫作盲利,盲利就是发现别人没有发现的宝藏。所以,笔者认为投资最大的乐趣,不仅在于金钱的获得,而在于思考的乐趣。人生最大的乐趣不是物质上的占有。当然这个也很重要,作为一名投资者而言,赚钱是第一目标,而笔者想分享的是,赚钱只是一个低层次的目标,最大的目标是获得思考的乐趣,创造的乐趣。这是笔者认为的投资的终极目标。

我们再回顾一下,笔者前期总结出来的技术分析哲学:

(1)不要在消息公布时做出买入或者卖出股票的决策,也就是坚决不要利用消息买卖股票。尤其是在消息公布前,该股票已经大涨,更不能买入。如果这样做了,十之八九你只能为这只股票永远站岗下去了。

(2)你使用的技术分析方法必须具备规律性和一贯性,能够一以贯之地帮助你在不同的行情和市场中捕捉到"进出加减"这四点。还记得吗?进场点、加仓点、减仓点和出场点。

(3)这一条,在本书最早的时候就提起过。运动员不能带着口袋里的金钱奔跑,他必须带着希望和梦想奔跑。稍微改一下,就是:投资者或交易员不能带着口袋里的金钱上路,他必须带着希望和梦想。也就是我们在投资决策时,一定不要以获利多少作为决策的依据或者"进出加减"的依据。一切以技术分析出现的交易信号为准,这也是保证能够实现第2条一直强调的规律性和一贯性的铁律。笔者见过很多初学者,天天在盘后计算能够获利多少，获利大了买什么，获利少了买什么，或者是亏损了怎么办。把自己的注意力全部集中在了盈利或者亏损上。不得不说，股票确实是一个概率事件，没有绝对盈利或者绝对亏损。如果我们始终把注意力放在自己盈利或者亏损的假想中，就好比成语"兄弟争雁"。从前，有一个人看见一只正在飞翔的大雁，准备拉弓把它射下来，并说道："一射下来就煮着吃"。他的弟弟表示反对，争着说："栖息的大雁适合煮着吃，飞翔的大雁适合烤着吃。"两人一直吵到社伯那儿。社伯建议把大雁剖开，一半煮着吃，一半烤着吃。等到兄弟两个再次去射大雁时，空中的大雁早已远去。

不要小看这个问题，这个问题又涉及到交易情绪问题。还没交易，有些人可能想到交易之后会有盈利，马上盘算要买什么；有些人可能想到交易之后会有亏损，马上盘算?怎么办。一会惊喜一会紧张，就这样交易机会瞬间消失。怎么办？一定把注意力放在交易信号上。只要交易信号出现，不要管其他，不要管是赚是赔，立马杀入，做到不乱心神。当然，我们刚才强调的，做到这一点，首先有一个重要前提，就是你的技术方法是一惯性和具备规律性的。如果不能一以贯之，不同的行情下，当然做不到不乱心神只管杀入了。

（4）检验图形，以图形作为你"进出加减"的主要判断依据，而不只关注某只股票的市盈率、股票价格等基本面的要素。关于这个问题，我们在前文很多地方已经强调过多次了，也就是股票的基本面与它波动的情况没有直接关系。我们在这里还可以举个例子，王亚伟，你估计听说过，原华夏基金第一操盘手，股市男神。下面笔者说的这些，大家都可以百度看到的。先来说说他最不喜欢买什么，绩优股。为什么，太稳定了，波动性太小了，而且买盘大，因为稳定，业绩好，大家都喜欢买。

根本就不可能以合适的价格买入。他喜欢买什么，成长股。我们随便百度一下王亚伟股票的特点。

王亚伟　股票的最新相关信息
分层打开新三板发展空间：王亚伟连发5只产品加速布局　和讯　　　　　　　1天前
新三板确实有好公司，分层前有投资者买开心麻花两年赚16倍，王亚伟一季度加速……该文显示，在基金业协会备案的私募机构中，持有新三板持牌股票的证券……
王亚伟王月调研看上两股　四维图新成机构最爱　中国财经信息网　　　16小时前
王亚伟投资路线图：新持11股　坚守4年前"旧爱"　中证网　　　　　5月18日
王亚伟新进股、坚守股全在这里！　中证网　　　　　　　　　　　5月6日
王亚伟最新持股名单：仅重仓7只已清掉6只（附股）　网易财经　　　5月4日

图3-3　王亚伟的投资特点

可以看到，王亚伟投资的股票基本都是什么新三板、新股。除了这些，还有很多的成长股。大家可以查一查他们的市盈率、盈利状况。这个里面，还要补充两句话，也是新手容易犯的错误。不要在没有检验图形的情况下，因为股市暴跌、股票价格便宜或者低廉而买入，也不要因为股票价格现在处于高位而不敢买、人为忽略。一切要以检验图形为前提。

很简单，是不是，就是这上述的"铁四条"。请你牢记，务必铭记于心。

既然说到哲学，我们说点不正式的，在本节最后姑且耽误大家一点时间。

找一个好老婆。猛地一说，好像是有点扯。找个好老婆，好女朋友，好伴侣，在笔者这里都是一个意思。为什么这样说，跟投资有什么关系。投资涉及到钱的事情，赚了涉及到如何分钱（买什么东西），赔钱涉及到如何把这件事情扯平，做到不要闹，都很考验男人的智慧。因为做投资的大多都是男生，而笔者自生又有切肤之痛，所以单就这一点多说几句。

夫妻本是同林鸟，大难来时各自飞。既然两人想相爱，那么赔了钱也不至于翻脸。不过夫妻过日子，过日子就涉及到钱，离婚的有四成是为了

钱，四成是有"小三"。好吧，菩萨避因，凡人避果。有的时候，怕什么来什么。作为一个男性投资者，你不能假想所有的女人都能跟你吃苦，更何况现在这个社会，都是独身子女，都是掌上明珠。苦日子别说女生过不了，恐怕你过长了，也会受不了。我们不得不理性地去看待这个问题，你不能因为你投资就觉得你是为了这个家，从道德上占有制高点。道德不能当饭吃，一旦投资失败了，从原来锦衣玉食的生活，有可能刻顷之间化为乌有，究到连一般小康的生活也过不了。这个时候这么办？首先得忍受闲言碎语和女人的唠叨。其次就是没钱的日子怎么办。所以，应当为这件事情未雨绸缪。下定决心，排除万难，不要眼红别人发财，每个月只拿出可支配资金的 30%。更别为了暴富，加大杠杆，做什么配资和找银行贷款。别说散户，很多大户，都是因为杠杆爆仓，欠了一大屁股债，搞得"家破妻离"。就安心用这 30% 的资金去投资，慢慢来，人生的岁月长得很，很多聪明人都是用小资金起家的。别老妄想自己年纪轻轻就能暴富，什么鲜衣怒马，什么妃子笑，丢掉幻想，脚踏实地，才是聪明人的正路。如果能够做到这一点，即使投资出现重大失误，也不至于亏得倾家荡产，留得青山在不怕没柴烧，还有翻本的可能，还能再入场。

　　什么叫做好的配偶，容貌端正、四肢健全即可，别老想着找那种如花似玉的或者是"网红"。这种女人天生靠不住。要找靠得住的人，最重要的是这四个字，善解人意。如果实在不能理解，回头找一本巴菲特和查理·芒格的传记看一看，很有启发作用，没想到这个问题他们之前考虑得这么清楚，笔者也晚看了好几年。现在推荐给大家。长得漂亮不是说没有作用，这个不是我们投资者找老婆的首要因素，关键是要能理解你，理解你的事业，理解你为之拼搏的价值。古人说得好，"知我者谓我心忧，不知我者谓我何求。"理解你，实在是太重要了。而且，刚开始学习炒股，投资，肯定百分百赔钱，就当交学费。理解你的女人能够宽容，包容这件事情，不理解你的女人百分百要把你弄个半死。

所以，不要总是幻想，如果你下定了决心走上投资这条路，笔者的体会，另一半的理解是最重要的。当然，笔者起了这个头，还希望能说明另外一个问题。中国还有一句古话，叫作只能共患难，不能享富贵。这个原本是形容一起打天下的人。成功之后的君主容不下之前患难的功臣。两口子也有可能出现这个问题。穷的时候一起吃过苦，相濡以沫，但是投资成功了，赚了钱，反而因为钱的事情经常打架。当然，这个问题作为男人看淡就好，毕竟人家跟你一路走来，现在享点福也不算什么。有一点建议，走到这一步，男人就干脆把钱让给女人管，为什么女人突然大手大脚了，还不是担心男人有钱就变坏。干脆把钱交给女人管，每个月限定一个用钱的数额，沟通好，万事大吉。

市场中也有很多女性投资者，不得不说，女性做投资天生比男性容易成功。性格决定命运。女性没有男性那样冲动，容易克制，也没有男性那么贪婪。但是笔者实在是不建议女性做投资，很辛苦，容易老。做得好吧，成为女强人，不利于家庭的和谐。做得不好吧，你看市场上很多婆婆们，从年轻时存了几十年的积蓄一下子就没了，寄人篱下，儿子女儿都嫌弃。不如攒着，老有所依。笔者倒希望那些绝顶聪明的女性，去做《天龙八部》里的王语嫣。笑而不语，沉而不言，关键时候一语点破心上人，岂不妙哉！

第三节 四个基本概念

从本节开始，我们正式进入技术分析的图表学习。正如你所知道的，技术分析采用的是图表。笔者并不想把图表表述得非常复杂，一如前期你可能阅读到的其他技术分析书籍。还记得笔者一再跟你强调的吗？简单有效最好。说到这个，我们在这里分享一个有趣的原理，这将贯穿于我们整个技术分析的环节中。

奥卡姆剃刀定律。该定律又称为"奥康的剃刀"，它是由 14 世纪逻辑学家、圣方济各会修士奥卡姆的威廉（William of Occam，约 1285~1349 年）提出。这个原理称为"如无必要，勿增实体"，即"简单有效原理"。正如他在《箴言书注》中 2 卷 15 题说"切勿浪费较多东西去做，用较少的东西，同样可以做好的事情"。我们一定铭记，在股票投资之中，各种方法一定不是越多越好，关键在于简单实用。

说完了这个，接下来我们还要定义一下技术分析的目的。我们从基本面判断出资金的流向和预期的变化，那么大致可以知道两个方向：一是目前是否有行情发生，二是行情的大小。如果通过基本分析完成了行情性质的分析，确定将有行情发生，那么就可以安心等待技术分析图表中出现的交易信号。

结束上述补充内容后，让我们来看一下我们需要掌握技术分析的哪些基本图表概念。很简单，不复杂，我们一定要一如既往地贯彻奥卡姆剃刀定律。同时也一定要切记，如果什么人或者机构妄图用非常复杂的理论或者术语，把一件事情搞得高深莫测、神神秘秘，十之八九就是骗子。

如果你已经是老手，对于下面这些概念，也请并回顾一下。

（1）支撑。什么叫作支撑呢？也就是在某一个区域，注意是区域，而不是某个点或者价格上面，股票价格下跌之后，会落在该区域而不继续下跌，甚至在此区域形成反弹。这就好比一个皮球，从高空抛下，落到地面，继而反弹。所以，在这里我们有两处关键点：一是从上往下落，二是下落后到达一个区域不再下落，之后反弹。

图 3-4　均线的支撑作用

图 3-4 中是一个典型的均线支撑，价格跌到红色的 MA250 处（即 250日均线，这实际上也可以理解是一个区域）受到支撑后，开始强劲反弹。从这个案例我们也可以看出，均线在何种周期上（因为该图使用的是日图，同样周线图、月线图，乃至分钟图），都具有支撑的作用。均线万岁，对我们的帮助太大了。

（2）阻力。什么叫作阻力，很好理解的，同样也是一个区域的概念，不是指某一个价位，而是具体指某个价位的区间。也就是股票一直上涨，突然受到阻力，被阻挡后被迫下跌，当然下跌过程中也会有反弹，但是多次反弹之后仍然可能无法突破前期阻力。这里涉及到两个非常关键的概念：一是阻力区，一般而言，很多书籍都指股票价格前期形成的高点，是目前价位很难突破的前高。这就是阻力区。当然，均线也是非常好的阻力区。我们要明确这两个阻力区。

我们看一下图 3-5 中前高这个阻力区。

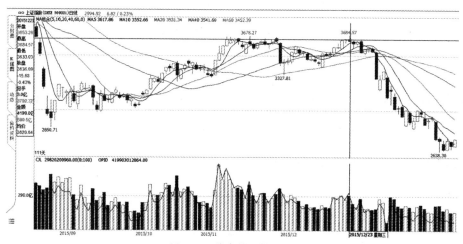

图 3-5　前高的阻挡作用

很明显，图 3-5 十字光标处，K 线没有突破前高形成的阻力区，很快就下跌了。

接着，我们再来看一下图 3-6 中均线阻力区是什么样的。

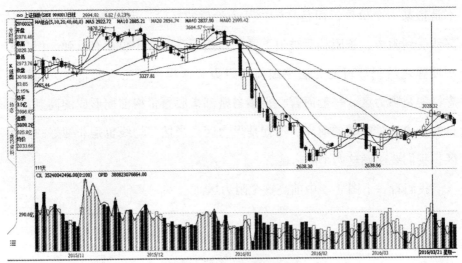

图 3-6 均线的阻挡作用

同样，我们注意到十字光标处，2016 年 3 月 20 日左右，股价（K 线）受制于 MA60（灰线），即 60 日均线，开始下跌。我们来看一下图 3-7，之后的情形，也很有意思。

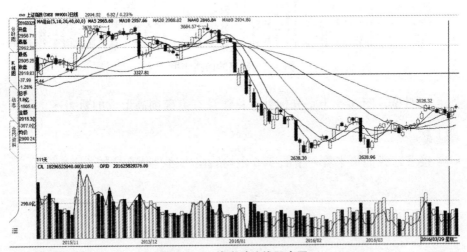

图 3-7 K 线突破均线阻力区

从图 3-7 可以看出，K 线在 MA60 处貌似挤了一下三角形，接着下跌，而后在 MA20（紫线）处得到了有效支撑，股价开始反弹回升。阻力与支撑在这个图形里都有了完美的诠释。

（3）突破。突破分为向上突破和向下突破。我们首先看向上突破，也就是突破阻力区域的上限，冲出阻力区。这个也非常有意思，正好可以接着刚才说的阻力讲。如果目前的价位多次尝试突破这个前高（阻力区），并且持续的时间越长，那么意味着，一旦目前的股价最终突破了前高形成的阻力区，股价就会迎来一片新天地，从此就会大幅上升。

这就是传统描述阻力区的讲法。我们可以发现，这里过多强调了股票的前高作为现价的阻力区，并且一旦股价突破阻力区（前高）的巨大意义。但在实践过程中，我们可以发现事实远非如此。很多股票突破前高，是假突破，股票随之堕落。为什么会这样？就是希望散户利用这个理论在高位接盘，所以庄家安排了这样一个阻力突破，而且庄家还会在突破前高处安排放量，真正把假戏做真、做实，诱惑你上当，在高位接盘。

我们来看一下图 3-8，这不是特例。很多散户就是这样被高位套牢的。这样类型的案例，我们不能使用上证指数，因为上证指数是全部在上海证券交易所上市股票涨跌加权的结果，看不出所以然。假突破一般发生在个股里。越是那种市场热捧的妖股，越要小心。需要强调的是，假突破不是个案，是相当一批，大家可以翻翻看，有很多。因为突破这种类型，跨越的周期比较长，我们使用周线分析比较好。

图 3-8 十字光标处，可以明显看出，此处形成了一个明显的前高阻力区。之后，K 线经过下跌再次反弹到之前的高位阻力区，并高达到 9.51 元。但是很快，第二周开始出现大阴线，之后一路下跌。当然，还有一个明显的地方是，在突破前，股价一直在暴涨，反而比突破买入更

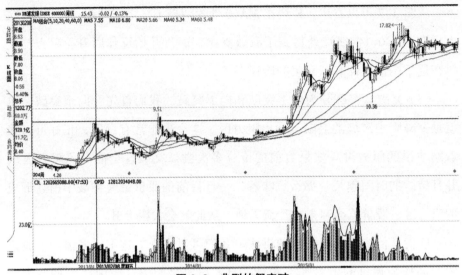

图 3-8　典型的假突破

加有利。所以，从这个案例我们可以知道，寄希望于突破买入，之后海阔天空，不是我们买入的方法。很容易就"死"在高位。

同样，以此类推，寄希望于向下突破，突破前期支撑区，而大力做空，也同样不是我们卖空的方法。当然，A股之中很多股票目前还不能直接做空，所以，关于向下假突破的这种做空方法，我们就不再赘述了。

（4）趋势。这是一个非常基本的概念，但是同样非常重要。当然，笔者所述内容一如以往，绝对与市面上讲的主流会有很大的差异，让我们换一个角度看趋势。

趋势的重要含义，在于我们可以通过趋势，判断目前的行情是向上继续发展，还是已经走坏，继续下行。让我们看一下相关的案例。

图 3-9 是一条典型的上升趋势线。经典教材也是这样教育我们的，一条上升趋势线至少会碰到三个低点，这样的趋势线才能被称之为有意义或者说是有效的。

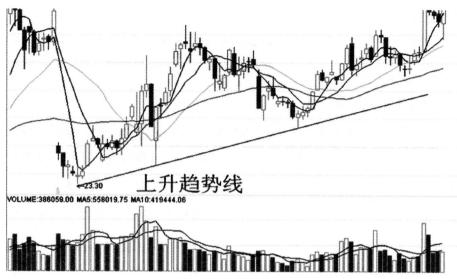

上升趋势线

VOLUME:386059.00 MA5:558019.75 MA10:419444.06

图 3-9　上升趋势线

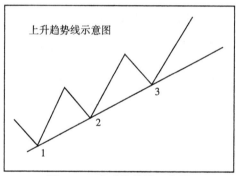

上升趋势线示意图

图 3-10　上升趋势线示意图

问题来了，如果按照这种传统的经典趋势线定义，存在的最大问题是什么？首先我们要清楚，为什么我们需要定义趋势。趋势的目的在于我们能够定义，一旦趋势形成，我们能够及时上车。一定要注意"及时"二字，这就好比我们打车从北京去天津。为了赶时间，我们希望在第一时间就上车，但是总不能招了三次手，还没搞清我们要坐的是哪辆车。这不是个案，很多情况，我们要注意，看出趋势向上，等我们明确了行情向上后，我们再贸然上车，突然趋势又向下了。这时候怎么办？

如果再要说得清楚一点，就是：如果按照传统技术分析方法所讲的，三点确定趋势线，或者两点确定趋势线，继而明确目前行情的趋势，导致的最大后果就是，我们再以此作为下单依据，已经晚了，已经是行情末梢了。这是因为，市场上绝大多数人都是以此作为入场依据。我们一再强调，股票投资必须讲求盲利。如果你的频率还与其他多数人一样，从时间上就已经晚了。我们都知道，打一场胜仗，需要天时、地利、人和三种因素的相互配合。现在对于天时而言，如果你慢了一拍，必定是主力或者庄家绞杀的对象。

同样，依照趋势线的经典定义，我们判断趋势向下，然后贸然离场，突然趋势又跳转回去，继续上涨，我们会错失很多的利润。这样的例子在股市中比比皆是，需要我们谨慎判断。我们再来看一组案例，以验证笔者所说真伪。

图 3-11 是一组经典的上升趋势线和下降趋势线。我们首先来看上升通道。假设我们现在通过三点分析或者两点分析，确定了一条向上的通道线（趋势线），那么接下来行情会上涨吗？接下来没多久，行情先是小

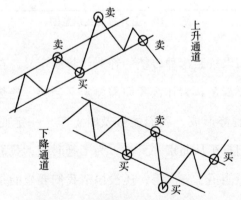

图 3-11　上升趋势线和下降趋势线

涨，之后掉头向下。我们再看下降通道，这是使用高点确定向下的趋势。我们仍然使用三点或者两点确定了向下的趋势，接着我们再次以为行情继续向下，结果却出现了买点，也就是反弹的行情。所以，可见使用趋势线来判断趋势效果太慢，进入的时间太晚，属于事后诸葛，不预备先行指标的概念。

这里谈到的先行指标很重要。我们判断行情，一定要使用先行指标，能够预测行情下一步趋势。这样才能算作有意义。本书的作用之一，是为了帮助你找到真正能够帮助我们预测趋势的先行指标。那么，这种先行指标到底是谁？

那么，这种先行指标到底是谁？答案就是前文一再向你提到的均线（MA），这是一条我们常规图形中都能见到的线，也是本书中重点推荐的先行指标。只需要你能够使用均线（MA）判断趋势，就可以完成我们整个技术分析的工作。很简单。大道至简，简单实用。你不必听信某些专业人士或者机构故意忽悠你、折磨你的一套理论，投资真的不复杂。

第四节　均线万岁

实际上，我们不管使用何种图形，从周期上讲，大概有这样几种：分钟线（包括 5 分钟、10 分钟、30 分钟和 60 分钟线），还有日线、周线、月线和多周期线，这实际上是 K 线在不同周期上的反映，以及行情未来的趋势。所以对于投资者而言，可供选择的图表工具有很多。但是对于你而言，笔者慎重而强烈地向你推荐周线图，并且是结合了均线（MA）的周线图。周线图，顾名思义，就是以周为单位，综合反映一周价格变化的图形，从时间周期而言，周线图对于投资者而言是最综合全面的，尤其是一张图基本上可以覆盖一至两年的周期，周期趋势一图见分晓。

我们慢慢学习周线图，现在进入实践环节，希望你跟笔者一同来操作一套成熟的周线图。

在这里继续使用文华财经软件，也就是文华财经旗下的赢顺云行情交易软件。既能够分析股票，也能够分析美元指数、外汇品种。操作简单上手，我们以此为例。当然，如果你使用其他交易软件，比如大智慧或者钱龙，也是一样的原理，不会有任何障碍。

首先，我们进入文华财经的官方主页（http：//www.wenhua.com.cn/）进入赢顺云行情交易软件。

图 3-12　文华财经官网

找到最下方，选择下载。下载成功后，按照步骤，依次完成安装。安装完成后，我们进入交易软件的页面。点击页面左边的"股票"，再点击页面下方的"分类查找"，就可以查找出"上证指数"。双击之后，进入分时图，然后再点击 F5 键。就进入了图 3-13 上证指数的页面。同样的道理，我们一样可以进入个股的页面。当然为了纵观全局，我们需要着重分析上证指数，下文亦然。

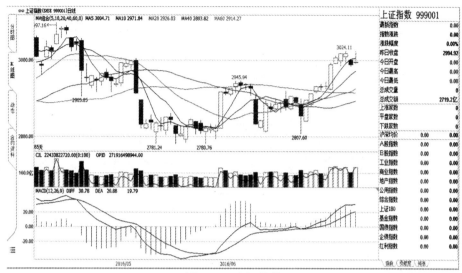

图 3-13 上证指数

但是要注意，我们不需要这么复杂的图形，所以我们需要简化一下。我们仍然慢慢来，一步一步掌握要领。

（1）删除多余的技术分析指标，即图中的 MACD 信号。在其他的图形中，你也可以删除不相干的技术分析指标，在图中我们只需要保留三个要素，一是 K 线，二是 MA 均线，三是成交量。其他的都不需要。所以，我们在图形上点击右键，选择删除副图子窗口。如图 3-14 所示。

113

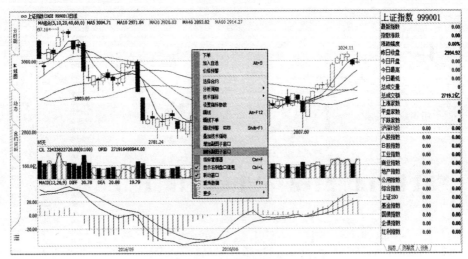

图 3-14　删除副图子窗口

然后就变成图 3-15 只有两个图形窗口了。我们需要最大程度简化。

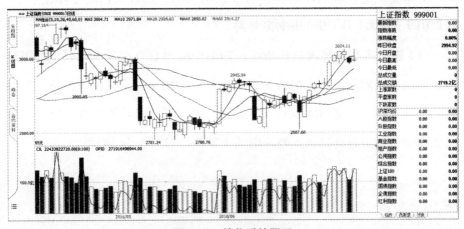

图 3-15　简化后的图形

（2）接下来，我们要简化均线 MA 了。正如图 3-16 我们看到的，均线有很多，仔细观察一下，这里显示的是均线组合，包括 5 日、10 日、20 日、40 日、60 日均线。

¬ 上证指数 (SHSE 999001) 日线

MA组合(5,10,20,40,60,0) MA5 2925.63　　MA10 2873.08　　MA20 2852.08　　MA40 2919.09

图 3-16　简化均线 MA

在这里我们要补充介绍一下均线的正式定义。我们在前文一直强调均线的重要性，但是一直没有将其定义。移动平均线（Moving Average，MA），原本的意思是移动平均，由于我们将其制作成线形，所以一般称为移动平均线，简称均线。它是将某一段时间的收盘价之和除以该周期。比如日线 MA5 指 5 天内的收盘价除以 5。那么周线 MA5，就是指 5 周内的收盘价之和除以 5。很好理解是不是。

我们一再强调，一定不要把事情搞复杂，所以，我们不需要这么多均线。实在是太多了，实在是看不出来任何趋势。我们只需要 30 日均线，注意，30 这个非常重要的数字。那么如何简化呢？我们做一个公式。点击页面右上方的"系统工具"中的指标管理器，如图 3-17 所示。

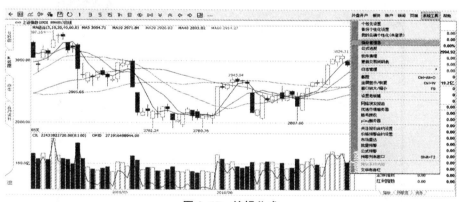

图 3-17　编辑公式

再点击自编，如图 3-18 所示，左下方有一个"新建"，取个名字，就叫作 MAW1 好了。

按照图 3-19，在空白处输入 M30：MA（CLOSE，30）。

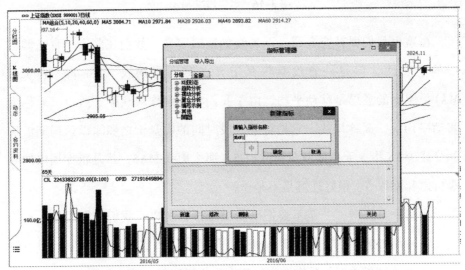

图 3-18　输入指标名称

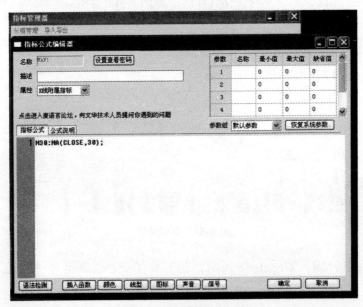

图 3-19　编辑指标公式

116

注意，上文的公式是有"；"的。

属性，要选择"K线附属指标"。

再点击确定"是"，神奇的事情发生了，MA全部变成了MA30。

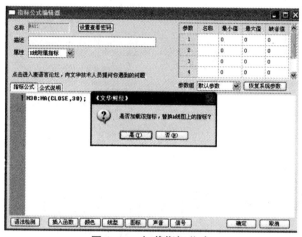

图 3-20 加载指标公式

我们试试看，是不是变成如图 3-21 所示的样子。

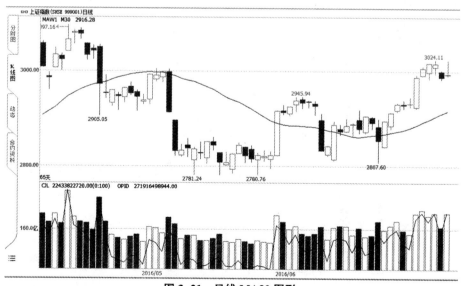

图 3-21 日线 MA30 图形

（3）非常简单的一步，我们提到过的，需要使用周线图。让我们更改一下图形的周期即可。然后将鼠标放到页面上，点击鼠标右键，如图 3-22 所示。

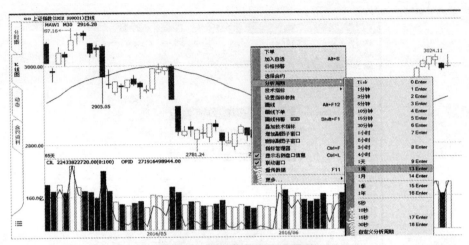

图 3-22　设置周线 MA30 图形

选择，分析周期，再点击 1 周，出来之后，就是周线图了。或者点击 F8 键，搞定，如图 3-23 所示。

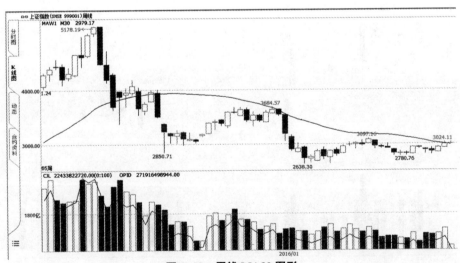

图 3-23　周线 MA30 图形

我们还可以使用如图 3-24 所示的方向键（即键盘上，上下左右四个键）随意水平放大、压缩，并能回顾任何时期的 K 线。

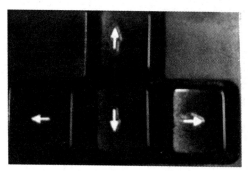

图 3-24 使用方向键

操作之后，我们将画面停留在最近的行情页面上，如图 3-25 所示。

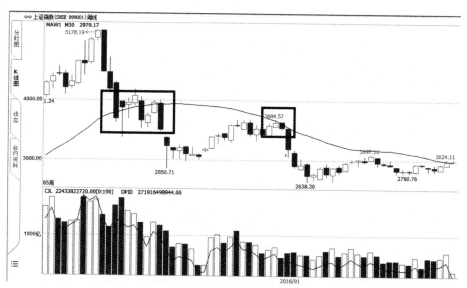

图 3-25 近期市场走势情况中的支撑、阻力、突破和趋势

在图 3-25 中，通过 K 线和均线 MA30 的有机结合，构成了我们需要掌握的必备图形，包含以下几个重点。

（1）K 线图与 MA30 相结合，我们可以发现，包含了我们前文讲到的技术分析的四个基本概念，即支撑、阻力、突破和趋势。首先看支撑。也就是图 3-25 中的第一个白圈。K 线跌落到 MA30 后，在此处首先形成了支撑，你可以发现，K 线在此支撑区域，还形成了两根阳线，说明刚开始，MA30 对 K 线进行了有效支撑。紧接着 K 线收出了一根阴线，然后再次收阳，表明市场多空双方再次胶着。最后的结果是，MA30 并未牢牢稳住此处支撑，K 线最终跌破 MA30，表明支撑失败。下落后，K 线并未一泻千里，而是紧接着进行强劲反弹，但是我们可以观察，在第二白圈处，此时 MA30 由原先的支持作用，演变成阻力区，K 线希望突破该阻力区无果，K 线继续下跌。从图 3-25 中可以观察，虽然从 MA30 的走势上看，趋势向下，但是从 K 线的走势上看，目前企稳，并且一直企图再次突破 MA30，以此走出更大行情。

所以，你看 K 线与 MA30 相结合，就将我们前文一直强调的四个基本概念：支撑、阻力、突破和趋势全部囊括其中，这就是我们技术分析的基础。

（2）我们仍然回到图 3-25，来看另外一个重要概念：成交量。目前市场上有很多人，书读得多，但是误入歧途。有很多书都批判成交量对股票而言没有太大作用，而且很容易被庄家利用。确实是这样，但是这些人只知其一，不知其二。成交量如果放在个股里，确实很容易被庄家对拉，即庄家一边买一边卖，故意将成交量放大。散户一看，放量之后要大涨，于是买。就这样在高位替庄家接盘，深度套牢。事实也是这样，但这只针对个股而言。对市场而言，也就是上证指数，基本不存在上述情况。因为盘子太大，庄家不可能控盘，控盘的筹码太大了，小动作都会被稀释掉。所以分析行情，我们一般使用上证指数。

当然上证指数的命门也有，现在说这个也不忌讳了，索罗斯等大鳄就是通过这个命门，我们的股指期货制造股灾的。当然这种情况一般概率较小，我们在这里不做深究。我们看图 3-26。

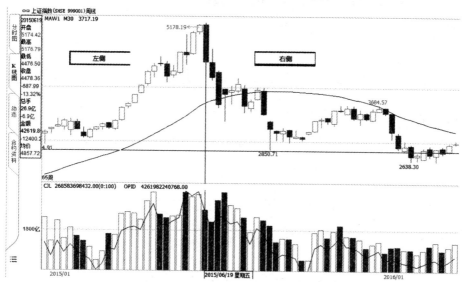

图 3-26 左侧和右侧的成交量出现明显差别

我们着重观察一下图 3-26 的成交量。在十字光标的左侧，成交量明显放大，或者说维持在高位。但是在十字光标的右侧，成交量明显减少。左侧是什么，A 股上涨区间。右侧是什么，A 股下跌区间。我们怎么办？投资左侧，放弃右侧。特别是右侧之中，K 线一旦跌破 MA30，成交量剧减，进入熊市，这时你应该要离场持币，现金为王。

这就是我们 MA30 周线图的两个核心要素。想必你已经全部掌握了。还是那句老话，大道至简。请你继续与笔者同行，越来越精彩了。

第五节　四象限行情定位分析法之综述

从本节开始，我们正式学习笔者首创的四象限行情定位分析法。通过这一课程的学习，相信你也可以成为老手一样准备预测与判断行情，精准伏击市场走势。首先看图3-27，帮助你对四象限行情定位分析法有全貌上的认识。

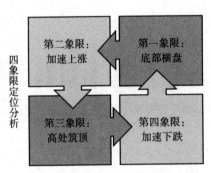

图3-27　四象限行情定位分析法概括

你一旦顺利掌握了四象限定位分析法，那么不论是大宗商品市场，还是外汇市场、期货市场，哪怕是集邮市场。只要有K线，可以标记MA均线图形的市场，对其都是适用的。因为无论价格形态如何变化，都逃不出上述四象限划分的阶段。

我们具体阐述一下。第一种形态（第一象限），底部横盘阶段，这个时候股价K线随着MA30上下波动。注意，笔者在这里说的MA30包括K线，都是周线图。你直接使用我们共同学习的方法即可正确应用。请注意，以后的文章除非是有特殊说明，皆是周线图，特此说明。底部横盘之后，K 线正式突破 MA30（注意"正式"二字），就进入了第二种形态（第二象限），K 线会随着 MA30 进入活跃期，突破原有的阻力区，开始加速上升。在第二象限暴涨之后，就进入了第三种形态（第三象限）。这时 K 线有时会在高位徘徊，价格摇摇欲坠，上下剧烈波动。有时则直接暴跌。一旦 K 线跌破 MA30，就开始进入暴跌之旅，这时候就是第四种形态（第四象限），加速下跌。

我们用图 3-28 形象地看一下。我们仍然使用上证指数，当然，你也可以使用个股图形验证，是否存在这四个象限。时间周期上，我们选择最近一次完整的行情加以说明，也就是 2014 年至今的这次大行情，非常形象。

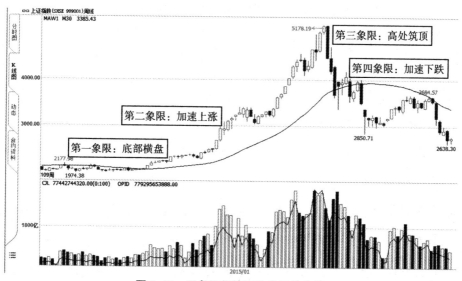

图 3-28　四象限行情定位分析法走势

如果你回溯到 A 股几次大行情，都逃不开这四个象限。注意成交量，在图 3-28 也清楚地反映出来。在第一象限，成交量是萎缩的，但是进入第二象限后，直到进入第三象限，市场成交量逐渐疯狂。进入第四象限后，成交量开始萎缩。你可以不是专家，不是老手，但掌握图 3-28 之后一样能够判断大势。在这里给你布置一个小作业，希望你对照该图，认真回溯 A 股前几次行情，绝对让你受益匪浅。

那么有了技术图形的语言，我们将按照四象限的各自特征，从细节上分别展开，这将是一道"大餐"，希望你认真体会。

第六节　四象限行情定位分析法之第一象限

第一象限：底部横盘。一旦进入第一象限，底部横盘阶段，K 线始终围绕 MA30 上下徘徊震荡。同时，我们可以观察到，在整个横盘阶段中，成交量并没有明显放大。相反，在持续横盘过程中的部分时刻，成交量继续萎缩。这主要在于行情企稳后，大众因为前期第四象限暴跌，心里产生巨大恐慌，虽然不至于形成较大抛盘，但是"心死莫大于哀"，对市场走势失望至极，成交量持续清淡，观望情绪严重。

如果你认为此时可以松一口气，之前第四象限的暴跌就这样结束了，坏日子过去了，好日子已经到来，那么你可能高兴得过早。从图 3-28 中可以发现，在第一象限的底部横盘阶段，震荡行情往往持续时间非常长。而且，假信号非常多。比如，如图 3-29 周线图所示，K 线突破 MA30，到达相对高点 3186.72 点，但是如果你认为大行情已来，就大错特错。紧接着，K 线再次跌破 MA30，相对低点低至 1849.65 点。如果你在中间贸然介入，损失必然巨大。当然，如果你寄希望以小资金多次试探是否会出现大行情，也无疑是有去无回。所以，第一象限底部横盘，并不能依据技术图形过早介入。这时候，对于大行情的判断时点，即买入点，必须结合基本分析主力资金分析方法，进行综合判断，耐心等待，直到真正的第二象限大行情的到来。直到真正的买入点已出，这时候你才能同时同步上车，开始赚大钱。

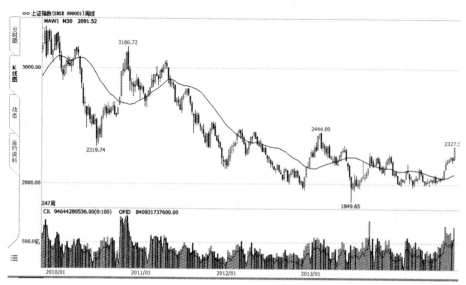

图3-29 对于第一象限应该耐心观望

当然，我们还需要关注另外一种混沌，即不规律的情况。一般对于"救市"行情而言，往往市场走势并没有经历第一象限，而是直接从第四象限拉升至第二象限，走出了U字形结构。比如，图3-30中，2008年10月，市场走至低点1664.93点之后，受到"四万亿"的巨大预期和相关资金的拉动，一路反弹至2009年7月高点3478.01点。我们在周线图上可以看到，市场完全没有经历第一象限的横盘，就由第四象限的暴跌，形成良好的U字形，K线突破MA30后，直接拉升至第二象限。

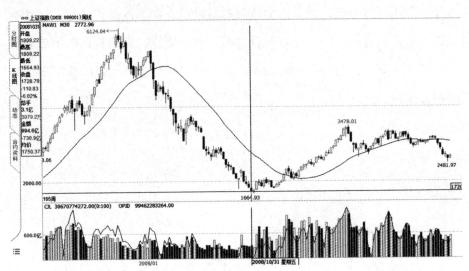

图 3-30　市场此时没有经过第一象限，直接进入第二象限

除了 A 股市场在"救市"行情下会出现 U 字形结构，其他国家的股市往往并没有"救市"，也会出现从第四象限直接反弹至第二象限的情况。比如典型的美股。

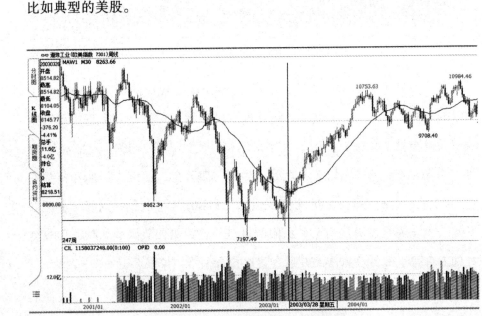

图 3-31　美股往往呈现 U 字形走势

　　请你注意图 3-31 周线图十字光标处，K 线并没有围绕 MA30 明显波动，也就是并没有形成第一象限，而是直接突破 MA30，形成第二象限迅速上涨。但是，必须注意，美股偶尔也会有"救市"行情，如图 3-32 所示。2009 年，美股拉升的行情也如 A 股一样，同样因为美国政府"救市"形成巨大的 U 形，当然此时美国政府救市的力度没有中国政府这么大。

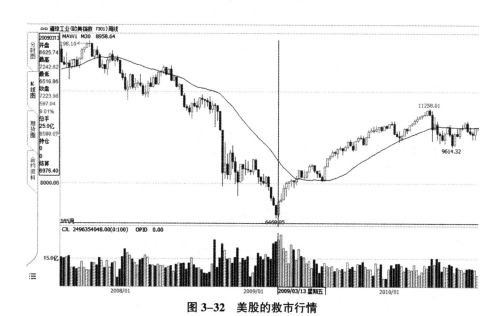

图 3-32　美股的救市行情

第七节　四象限行情定位分析法之第二象限

　　第二象限：加速上涨。我们还需要关注的是，在第二象限之中，这时不仅 K 线加速上扬，而且经济泡沫也会慢慢开始显现。但需注意，一般而言第二象限起点此时的经济基本面，包括个股盈利状况都不向好，反而有恶劣趋势。但是如果此时轻言放弃，则损失巨大。

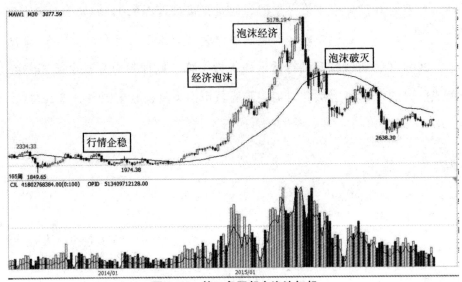

图 3-33 第二象限起点泡沫初起

第二象限的意义，对于我们至关重要，决定了我们入场的最佳时点。所以，这一环节的核心，是判断第二象限的起点处。那么，起点、最佳入场点在哪儿？是直接使用技术分析吗？实际上，当我们认真研究技术信号时，会发现单凭技术信号，即在周线图中 K 线突破 MA30 会是非常苍白无力的，因为假信号实在太多，我们经常将第一象限误判为市场已经进入第二象限。如图 3-34 所示。

笔者在图 3-34 中标注了一句附言，从事后诸葛亮的角度看第一象限和第二象限的划分。我们现在是站在全息的角度、事后的角度看图中黑线处，左边是典型的第一象限，因为 K 线一直围绕 MA30 上下徘徊；右边是典型的第二象限，因为 K 线突破 MA30 顺利上涨，多么完美的技术信号。

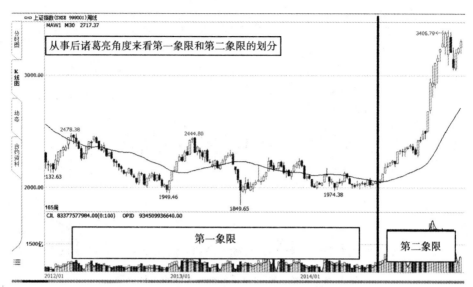

图 3-34　第一象限和第二象限划分不能单纯以技术信号判断

但是，假如我们现在没有全息视角，将时间拉回至 2014 年 9~11 月，你如何知道上图中那根黑线处到底是第一象限还是第二象限呢？你可能会回答，这样也非常好解决，只要 K 线突破 MA30 之后，继续突破前高阻力区，即可表明正式进入第二象限。

没错，这是一个非常好的答案。那么这个结论或者说你认为的规律，是一直正确吗？我们来看图 3-35。

如图 3-35 所示，K 线突破白色阻力线之后，加速上涨，没有再进行任何回调，一路上扬。可以断定，确实是进入了第二象限。当然，笔者仍然不得不说，你这仍然是带着全息视角的事后诸葛亮。

在这里笔者不得不补充一句。为什么很多技术书籍，我们读的时候激情四射，以为自己掌握了真经秘籍，下一步就将成为股神。可是真正按图索骥使用起来，却四处碰壁，图形根本没有按照书中所示历史趋势运动，远非书中所示。这就是因为很多书中所画图形都是站在全息的角度，在事

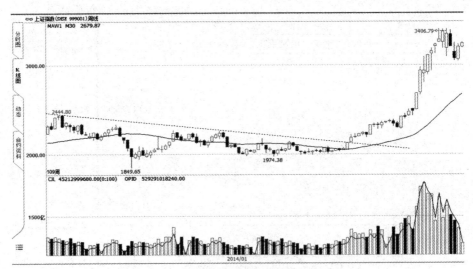

图 3-35　K 线突破前高及白色阻力线后加速上涨

后总结的规律，大多数不具有重复性和规律性。

比如，如果你认为 K 线突破 MA30 之后，再次突破前期阻力，即能确认进入第二象限，那么我们再来看一则案例图 3-36 验证一下。

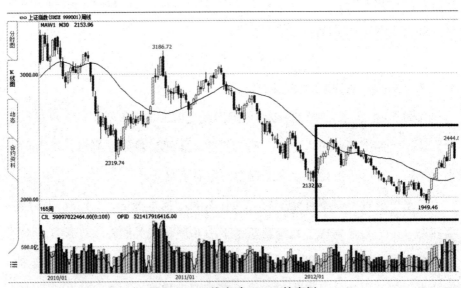

图 3-36　K 线突破 MA30 的案例

请大家注意方框中的图形。先从方框中的左侧看起，可以发现 K 线两次突破 MA30，试图从此一路高歌，但是很遗憾，随即跌破 MA30 一路下行。紧接着，在方框中的右侧图形，K 线终于再次突破 MA30，并且突破前期阻力，到达此处高点 2444.80。值得注意的是，此时成交量也一路放大。接下来市场会如你所愿，正式进入第二象限吗？

图 3-37 突破后随即下挫

当我们以为市场已经进入第二象限后，后续市场的走势令我们大失所望。从 2444.80 之后一路震荡，最低点到达 1849.65。事实胜于雄辩，市场仍然还处于第一象限，第一象限并未如我们预期那样完美收官。第二象限远远还未到来。与其灰心丧气，不如转头寻求办法。

所以，我们不能简单以 K 线突破 MA30 之后，再次突破前期阻力，视为第二象限的起点。即使最后走势也确实一路上扬，那么对于你来说，也不适用。第一，我们刚才验证过了，这并不具备重复性，在彼处适用，在此处却失效。所以，不具备规律性。第二，如果一直等待，妄自简单以技术信号判断，如果真正到所有人都知道突破放量牛市来临的时候，也不是最佳入场点，我们需要同时同步与主力资金入场，在第二象限的起点部位入场。

那么究竟该如何准确把握第二象限的起点部位呢？结合我们前期所学的基本分析内容，我们必须斩钉截铁地回答：一旦技术分析上，K线已经突破MA30，我们结合基本分析，判断热钱主力资金陆续进场，则可断定市场走势正式进入第二象限。在这两个过程中，技术分析判断的时间先于基本分析的判断，但基本分析判断的重要性要先与技术分析的判断。

我们来对上述结论进行详解：

第一，耐心观察，晚下结论。这是笔者前期提到的一个问题。投资不是一件小事，不是随便拍脑袋就能够匆忙下结论，也不是跟风行为，别人投，你就投。投资需要耐心等待，每天都要下工夫做功课，至少花30分钟跟踪盘面，持续研究。跟踪什么，研究什么。一是跟踪技术信号，一旦K线已经突破MA30之后，就需要特别引起你的注意。这时，应该借用基本分析的方法，分析主力资金的动向，是否已经介入A股。如果有，两相适应，说明主力资金已经入场。如果你对基本分析的方法还不熟悉，建议重新返回本书第二部分认真学习，在此为了节约篇幅，不再做过多赘述。

第二，技术分析先于基本分析。这是指技术信号往往先于主力资金的进入，而展示出假象的一面。一般而言，我们强调的，一旦周线图上K线已经突破MA30，即表明市场出现第二象限的存在可能性。但是可能性不等于必然性。只是说，由于该种技术信号的出现，代表一种可能。是否预示市场进入第二象限，还需要依赖基本分析的确认。这一确认过程，才是决定市场能否进入第二象限的关键所在。所以，先以技术分析信号判断市场可能，再以基本分析确认市场可能。一旦技术分析和基本分析一前一后都得以相互匹配，才能最终确认市场进入第二象限。

比如，我们再来看下图一则复杂的案例。

图 3-38　难以界定的行情性质

图 3-38 截取了 2010 年 1 月~2011 年 5 的主要市场走势。K 线多次突破 MA30 希望寻求爆发行情，结果又再次跌破 MA30。波动巨大，中间还伴随着多次放量大涨。如果单凭 K 线和成交量，估计你会整整瞎忙一年，上下宽幅震荡，发生亏损的可能性极大。但如果，当市场信号 K 线突破 MA30 之后，我们运用基本分析的几大方法进行确认，得出主力资金丝毫没有大规模入市的结论，你即可安心以待，少了很多的折腾和烦恼。什么是投资者最大的烦恼？明明没有行情，你非要强行入市，瞎折腾，赔了夫人又折兵，损失了钱财不说，还乱了心情。做投资如同打仗，重在首战，必须达到首战必胜。

所以，综上所述，通过运用基本分析与技术分析的有效结合，我们必能成功分析得出第二象限的起点、最优入场点，实现与主力资金同时同步入场。这才达到了我们做好行情分析研究的真正目的。

第三，基本分析重于技术分析。在此，必须补充两点关于基本分析使用方法：一是必须灵活运用，因时因地考虑基本分析的各个要素。比如我们介绍过因为目前欧元区债务危机，造成欧元区主力资金都集中在德国，所以我们必须重视德债收益率。那么假设日后欧元区成功解决了这些问题，或者是英国脱欧加剧危机，欧元区主力资金会如何流动？你又应该如何分析呢？估计你会说笔者的文章已经老套了，不能解决这些问题了。授人以鱼不如授人以渔，笔者一直在向你强调这个问题。笔者相信，一旦你掌握了笔者前文所述的基本分析的基本套路和逻辑方法，一定能够由一生二，不能只知其一，不知其二。具体问题需要具体分析。虽然日后分析的内容变了，但基本分析方法还在，无非就是那几种套路。希望给你一定的启发，帮助你能够熟练掌握基本分析的内涵；二是必须明确哪些情况下坚决回避市场。比如我们谈到，美元指数到达 100 之后，日本的危机，往往蕴含着极大风险。当然，笔者在这里没有完全展开，因为这些要素的具体内容在前文基本分析中已经阐述非常清楚。那么这时候我们就不能进行任何操作，哪怕通过技术分析得出市场信号已出。技术分析必须服从于基本分析，这一点原则坚决不能改变。

笔者现在着重提醒大家这两点，就是为了着重强化你的认识。哪些要素可以用，但是必须灵活使用；哪些要素一旦出现，则要规避市场，现金为王。这两点原则，希望提请你能认真判断、务必重视。

巴菲特老先生有句名言，投资要寻找安全边际。这是典型的"甄嬛体"。换句话，即是买价要低。这条原则同样适用于我们的技术分析。第二象限的起点处，则是最好的买价和市场进入点，也是我们一再强调的，与主力资金同时同步入场的最优入场点。如果我们非要寻求基本面向好之后再行考虑，则错过低价介入机会。我们从图 3-39 中可以看出，一旦市场进入第二象限，即会加速上扬，价格很少有回调机会。当然你非要追高，也未尝不可，不过心理压力会陡增，一般散户都会见好就收，盈利不多，不如在第二象限起点处低价持仓时的那种洒脱。所以，我们一定要高度重视第二象限的买入点，不要过多理会基本面的情况，不要追高。要下定决心、排除万难，坚决在第二象限起点处，与主力资金同时同步入场，坚决捂股，捂热、捂牢，要有冷板凳坐热的"劲头"，一直等待赚大钱。

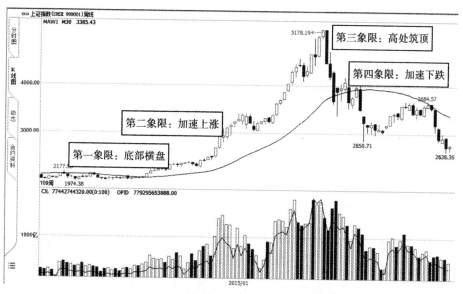

图 3-39　不同的行情性质，第二象限持续的时间不一

捂着何时出货？即第二象限会延续多长时间？这又需要结合我们前期所学内容。在第一部分基础知识内容中，我们学习到了经济基本面与个股行情走势的背离和共振问题。我们在这里可以再简单回顾一下：基本面与市场走势出现第二种背离，则意味着行情较弱，我们捂股的时间不应很长，我们要注意，统计得出的规律一般是 6 个月以内。一旦技术分析出现信号，第三象限到来，我们要做好随时迅速离场的准备；那么当基本面与市场走势出现第一种共振时，则往往意味着行情性质较大，一般可以持续10 个月以上，可以持续捂股，起码要赚 5~10 倍的利润。

刚刚进入第二象限时，只有先知先觉的主力资金建仓布局，大众对于此时的行情往往是冷漠而极度缺乏敏感度。这是因为，在第一象限的震荡波动中，已经消灭了第一批跑得太快的资金，大众对此已经麻木，大多躲避为上，避免洗盘。老子言："我有三宝，一曰勤，二曰俭，三曰不敢为天下先"。所以，我们既不能跑得太快，也不能因为耐心等待而无所事事，将注意力荒废在了其他事情上，应该耐心盯盘，认真做好分析研究，以便牢牢抓住第二象限的最佳入场点。

对于大众而言，只有市场加速上涨后，才能再次重燃市场热情，"买涨不买跌"是人性千百年来不曾改变的弱点。随着主力资金初始建仓完毕，市场便在成交量的逐渐放大之下加速上扬。我们可以注意市场走势的夹角，在整个第二象限一直呈现放大态势。特别是在此时有意或无意释放的一些利好消息带动下，市场预期也不断得到改善，带动大量后知后觉的资金陆续上车，进一步扩大成交量。市场做多情绪逐渐高涨，犹豫和利空的声音逐渐消失。散户开户数量加速放大，券商营业厅人满为患、盛况空前，投资者人群也逐渐由专业人士扩大到部分底层民众，"股市黄金十年"等口号又再次登上舞台、传唱南北。这个时候，你就需要万分小心，因为市场即将进入筑顶部位的第三象限。

第八节 四象限行情定位分析法之第三象限

第三象限：高处筑顶。市场通过前期第二象限急剧上涨后，"花无百日红，人无千日好"，必然会进入第三象限，高处筑顶，这是市场必然的宿命，是人为无法抗拒的。多数人特别是新手投资，往往有一个巨大的误区，就是前期捂着就"腻上"了自己的股票。关键时刻，舍不得放手。该卖不卖。这就好比很多婚姻，往往并不是有多相爱，价值观有多相近，而是因为两个人待在一起时间长了，无比熟悉的感觉，然后就结婚了。

"会卖的才是师傅"。进入第三象限之后，笔者建议我们的投资者，无论你的股票前期已经浮盈多少，不能仍然沉浸着账面的虚妄幸福之中，不能幻想一直存在的自我满足感。要知道，第三象限持续的时间短之又短，一旦错过最佳卖出点，市场快速进入第四象限后，账上所有浮盈将化为虚有，如镜中花、水中月，空欢喜一场。所以，需要痛下决心，一定要在第三象限至少出货70%以上，锁定绝大多数利润，方能成功。

那么如何判断，市场已经进入第三象限呢？

第一，观察市场情绪。这时候市场已经接近疯狂，最可靠的就是运用"底层法则"判断市场是否已经接近反转点。"底层法则"含义很简单，起源来自华尔街。话说华尔街的一位银行家，下班回家在路上擦鞋，闲来无事与擦鞋匠聊天。当擦鞋匠听说此人是华尔街的银行家，便班门弄斧在银行家面前吹嘘自己的股票赚了多少。银行家一听，大惊失色，第二天便将全部头寸悉数平仓。没过多久，市场便崩盘下跌了。这一法则同样适用

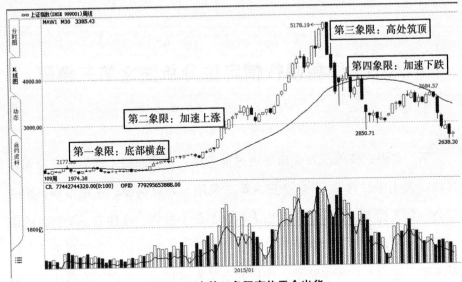

图 3-40　在第三象限高位平仓出货

于 A 股。笔者正好有这方面的经验，再给大家分享一则小故事。2007 年牛市顶部前后（第三象限），笔者当时正好在校读研究生，当时也小试牛刀，每天操盘不亦乐乎。傍晚常常在学校开水房打水，管理水房的阿姨大概 40 多岁，一直抱着收音机收听股评，并与相识的学生交流股票。听阿姨讲自己赚得不多，但是满脸皆是股神之骄傲神态，对未来充满了向往和信心。没多久，A 股崩盘，就再也没见她听收音机，脸上也皆是菜色。所以，一旦我们察觉连底层百姓也在关注股市，就说明市场已经进入第三象限，反转点已经可能到来，随时可能发生暴跌。

　　当然我们理解这个轶事不能理解偏差，绝对不是鼓励大家对底层百姓存在歧视或者是对自身丧失信心。笔者前文一再提到，往往低学历的投资者实际上更有思维和眼光的优势，比如《亮剑》中的李云龙——笔者的大别山老乡，斗大的字不识一箩筐，但是打仗远超正规学院科班生，比如剧中东京帝国大学毕业的高才生坂田、山崎，还有国军之中黄埔军校高才生楚云飞，都是李云龙的手下败将。这样的泥腿子将才，在中国军队之中比比皆是。投资也是如此，英雄不论出身，能打胜仗，能赚大钱，都是好汉。所以，你学习完本书之后，掌握正确的投资方法，更应该充满信心战胜市场。

第二，观察监管层态度。仅仅有"底层法则"还不够，我们还要关注监管层的动作。监管层真是我们的好父母，一方面，在价格底部时，担心市场过于萧条，丧失了应有的发展；另一方面，在大众疯狂时，又担心市场发展过快，投机过热，进入非理性状态，常常隔空喊话，甚至还会直接扑火。手背手心都是肉，天天操劳。

我们仍然以最近的牛市为例说明。

图 3-41　2014~2015 年市场走势

如图 3-41 所示，市场在 2015 年 6 月 12 日当周达到最高点 5178.19 点。这是市场最后的疯狂所在，之前市场一直暴涨。那么在 5178 点崩盘之前，监管层在干什么？2015 年 4 月，受到行情疯涨的影响，场外配资开始成为一种热潮。各种资金在杠杆的不断加大下，疯狂涌入市场。面对愈演愈烈的投资热潮，监管层不得不断舍离，艰难在维护市场走势和防范投机风险之间做出决策，采取强力措施降低杠杆、释放风险。具体细节如下：

（1）2015年4月，证监会发文，要求券商不得以任何形式参与场外股票配资、伞形信托等活动，不得为场外股票配资、伞形信托提供数据端口等服务或便利。随着杠杆交易愈演愈烈，A股指数加速上涨，证监会于5月底全面叫停场外配资数据端口服务，包括HOMS系统，场外配资平台规模受限。

（2）2015年6月，证监会开始严打场外配资，清查券商违规接入系统。随后各大券商开始逐步关闭HOMS系统接入端口。6月15日，证监会在官方微博发布消息称，禁止证券公司为场外配资活动提供便利。6月24日，恒生电子暂停新增客户开通HOMS系统的请求。6月26日，证监会在例行新闻发布会上表态将继续严控违反账户实名制场外配资活动。

如果我们在第一时间听从了监管层的表态，读懂了监管层的动作，我们也将顺利在6月26日之前将绝大多数头寸平仓出货。6月26日的收盘价是4192.87，距离最高价5178.19跌了将近985点，我们也将仍然保留绝大多数利润，而不是最后一起见证股灾灰飞烟灭。如果你在其他象限可以不听从监管层的循循善诱，那么你必须在第三象限重视监管层的谆谆教诲。

第三，观察市场利空消息。在市场暴涨之中，基本面基本没有利空消息，不论是宏观经济还是上市公司财务状况一片大好，泡沫经济初步显现，泡沫开始形成，即使出现个别利空消息，也很快会被市场消化，不会引起股票价格的较大波动。但是进入第三象限，泡沫开始加快膨胀之后，一有风吹草动，受到利空消息的影响，市场立刻做出暴跌反应。比如，

2015 年 6 月 15 日，证监会禁止证券公司为场外配资活动提供便利，利空消息一公布，截至 6 月 19 日收盘，当周暴跌 687.99 点，市场犹如惊弓之鸟，丝毫受不了任何恐吓。个股也同样如此。

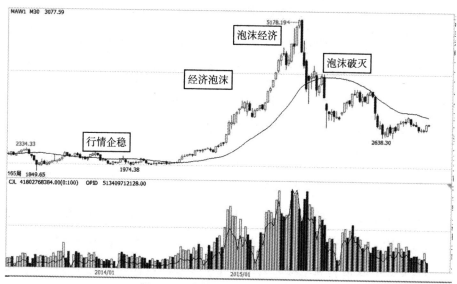

图 3-42　在第三象限泡沫即将破灭

第九节　四象限行情定位分析法之基础反转信号

判断市场进入第三象限后，我们一再强调不能坐以待毙，不能让盈利的头寸平白消失。我们需要关心和解决的另外一个核心问题是，第三象限何时结束？即我们何时平仓出货？这需要结合基本分析，判断主力动向，同时通过技术指标，观察周线图的 K 线走势，判断市场反转信号。在这里，我们非常有必要补充一下相关方面的知识。很简单，不困难，但是再次强调，你必须全盘吸收，并能够有效掌握。

第一，基本分析反转信号。在本书的第二部分基本分析中，笔者与你一起学习了主力资金的几个基本进出路径，进入路径清晰了，主力资金的出口我们也自然能够了然于胸，因为主力资金无非只有这样几条"通道"，也无非就是笔者分析的几个基本因素。从哪里来的必然还回哪里去。在基本分析之中，我们分析了德债收益率、美债收益率、美元指数等几个基本因素。在前文中几大因素已经分析得非常清楚，这里我们不再过多着墨，只是简单予以归类，按照因素的性质可以大体将其分为两类。

一类是异动指标，主要包括德债收益率、中国外汇储备和 Shibor 利率，我们重点关注这些指标参数是否存在拐点情况。如果在 A 股发生暴涨进入第三象限之后，德债收益率、中国外汇储备和 Shibor 利率相继出现明显拐点，则意味着市场行情反转信号已出，需要立刻平仓出货。另一类则是先行指标，主要包括美债收益率和美元指数，这些先行指标往往能够预示特大的系统性风险。比如美债收益率的趋势表明，一旦美债收益率为负，我们需要密切关注日本市场是否会出现问题，继而传到中国。再比如历史经验多次证明，美元指数在高位继续上涨，突破 100 后会爆发区域性乃至全球性危机，多数国家的市场难以独善其身。这些指标都是我们判断是否存在全球危机的重要参考。如果你对这些内容还只是理解了只言片语，或者还没有完全熟悉运用，仍然强烈建议你回到原文认真探寻。

第二，周线上 K 线跌破 MA30。如果你通过基本分析法仍然无法正确分析出货信号，把握出货时间，这里有一种最直接、最简便的方式。一旦K 线跌破 MA30，即可确认市场正式进入第四象限加速下跌，这时需要速速离场，不能有任何倦怠。也不能重新返场捡漏，妄图抄底。

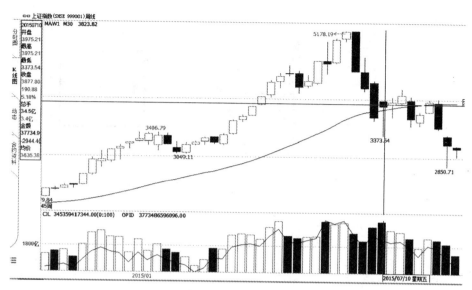

图 3-43　在第三象限泡沫即将破灭

如图 3-43 所示，2015 年 7 月 10 日当周，在经历股灾暴跌之后，市场终于跌向了 MA30，最低跌至 3373.54 点。我们需要注意，市场在 MA30 处会有一个较大规模的支撑，你可待市场走稳之后迅速抛售头寸。这是一个小规律，我们在这里多花一点篇章着重介绍一下。如图 3-43 所示，在 MA30 处连续两周收出阳线走高之后，市场仿佛有走稳迹象。这是典型的假信号。你需要在收阳之后，迅速出货。紧接着下一周市场又收出一根阴线，再接着收出两根阳线之后，市场正式下挫突破 MA30，进入第四象限，之后市场连续暴跌，哀鸿遍野。

我们再看一则案例，也很有意思。

图 3-44 显示的是 2009 年的市场行情走势。市场在 2009 年 8 月到达高点 3478.01 之后，一路下挫，终于在 MA30 处企稳，也就是图 3-43 中的左框处。在此处经历短暂徘徊之后，市场再度拉升，一度达到次高点 3361.39。在这里，我们也可以再次回顾，在高处筑顶处，并沿 MA30 上

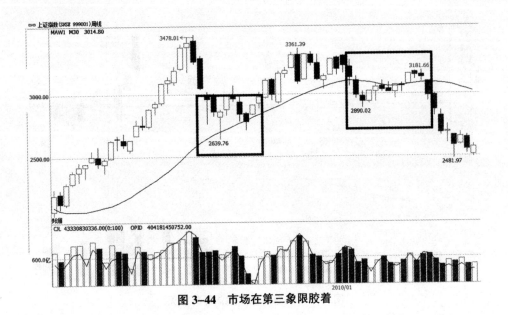

图 3-44　市场在第三象限胶着

下震荡是第三象限的显著特征，也可见市场多空双方在 MA30 力量胶着
对峙。经多空双方多次对战之后，在右框处收出次高点 3181.66 之后，
多方终于甘拜下风、缴械投降终于跌破 MA30 一路下行，至此进入第四
象限。

　　所以，在这里强调一句，我们使用技术分析方法，务必要重视的是
技术信号的规律性和重复性。只有在不同时段重复使用成功的技术分析
方法，才能上升为规律。我们再次将视线拉至 2007 年，来重温一下经典
规律。

　　如图 3-45 所示，2007 年 10 月下旬，市场走势从高位 6124.04 点一路
重挫，跌至方框处 MA30。小幅反弹至次高位 5522.78。如果你没有掌握第
三象限的规律，此时你会作何感想？大盘反弹，出现抄底机会？大多数投
资者均以为行情仍会延续，依次趋同操作，买、买、买。结果，市场便在
众人的惊讶之中，在短期缩量反弹之后，随即 K 线跌破 MA30，进入第四

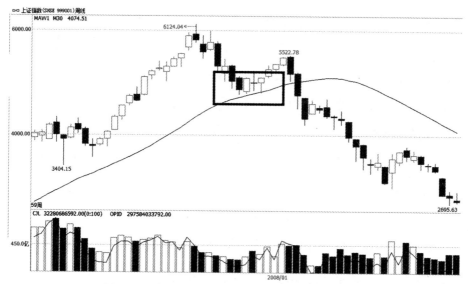

图 3-45　市场在 MA30 处得到短暂支撑后重新暴跌

象限，市场再无回头之日，一路重挫下跌。当年在高位接盘的大众，又能作何感想？至今深度套牢仍有十之五六，可悲可叹。这些基础性的规律，包括笔者前期总结的一些内容，实际上都很简单。我们特别不能在第三象限被疯狂的市场情绪所裹挟，被人所忽悠，我们需要做出自己的判断，需要对这些规律性的情况熟练掌握、烂熟于心。

第十节　四象限行情定位分析法之抓顶信号

第三象限的故事一箩筐。很多投资者在第二象限赚了一笔大钱，结果在第三象限仍然幻想涨、涨、涨，没有及时平仓获利，"嗖"的一声灰飞烟灭，所以我们不得不极度重视第三象限，所以我们也必须把第三象限的故事全部讲清讲透。在上一节，我们介绍了第三象限平仓获利的几个特征，当然按照这几个特征来平仓，因为不是平仓在最高点，确实是会损失部分利润的，但是总好过什么都没拿到。在本节中，笔者将回应你的强烈要求，特别是如果你希望抓顶成功，在最高点平仓获利，不希望损失过多利润，那么以下的内容，请你务必认真细读。

当然，必须说明的是，笔者所指顶部为第三象限的高点区域，这是一个顶部区域，不单指最高点的地方。如果谁要妄图设想每次都能在最高点处逃顶，并且公开宣扬，则其百分之百是骗子，无人能做得到。

首先，我们一起学习 K 线高位反转的几个经典技术信号，这也是第三象限的老套路，你必须全盘掌握。我们仍然以上证指数为例。我们知道，市场走势，比如上证指数，或者说是上证综指、深证综指这样的大盘指数，是指在上海证券交易所和深圳证券交易所两个市场上市股票涨跌的加权平均。既然是几千家的个股涨跌情况综合加权而来，所以我们可以完全断定，上证综指和深证综指一般不存在个股特有的骗线问题。因为任何一个庄家的实力和影响还无法达到对整个市场的操纵，使得 K 线的走势出现人为干扰，即骗线。比如，某个庄家希望在高位做出一根十字星的走势，以便对现有筹码进行洗盘之后，在低位吸货，这在个股之中是存在的。特别是如果该股盘面较小，就更容易掌控。而对于上证综指和深证综指而言，想要人为在高位或者低位，故意制造出某些具有反转意义的 K 线形态，引诱市场资金进入，则难之又难。所以，从这个角度而言，既然无法做到人为操控骗线，那么一些出现在市场高位的经典反转 K 线形态就具有显著意义，特别是与量能结合分析，能够有效预测市场跌势，我们需要格外引起关注。当然，因为我们前文已经分析，在第一象限之中没有主力资金配合的任何市场形态，均不具备操作业态，所以在低位的经典反转信号我们可以完全忽略不计。我们只用重点关注第三象限之中的高位反转信号。

接下来，由于篇幅关系，我们依次由近及远分析掌握近三次第三象限经典反转信号。当然，笔者在这里依然要传递给大家一些秘密，很有意思、但也是异常重要的内容。

图 3-46 2015 年 6 月中旬市场走势

从图 3-46 可知，市场在 2015 年 6 月 12 日当周到达高点，而后开始反转一路下挫。图 3-46 白色方框处就是经典的技术反转信号——平顶。平顶，又被称为"钳子顶"，是市场行情在高位发生反转的信号。平顶形态一般在上升行情末期形成，即出现在第三象限，此时空方力量增强，多方力量衰竭，预示着行情见顶回落概率较高，后市极有可能会出现下跌行情。

平顶形态的 K 线构成是：当某根 K 线的最高价与之后一根或几根 K 线最高价相同或者处于同一价格水平线上，就构成了平顶形态。在数量上，一般出现上述同一价格水平的两根 K 线即可断定形态生成。值得注意的是，这些 K 线不分阴阳，前阴后阳，或前阳后阴，或前后均为同性质的图线，所显示的见顶信号均没有差别。

平顶形态有多种变化图形，如图 3-47 所示，两条图线均为光头的平顶线，抑或两条图线均为上影线的平顶线。几种变化图形所显示的见顶信号亦没有任何差别。

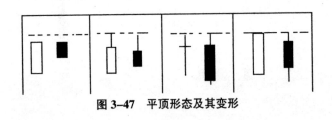

图 3-47　平顶形态及其变形

当然，我们需要另外注意的是图 3-46 方框白框中的大阴线，这也是重要的反转信号。在高位处，我们尤其要重视阴线的反转。因为 K 线一路上涨，真正出现阴线行情的次数少之又少，所以当你判断市场进入第三象限之后，需格外注意阴线的情况。即使你前期没有学习过任何 K 线反转信号，那么在市场高位遇到这么剧烈的下跌阴线，想必也应该印象深刻。让我们再次回到此时此地，重点观察一下这根大阴线，你是否与笔者一样，最关心的问题是，为什么这么大的下挫行情，成交量却在萎缩，也就是市场居然在缩量暴跌。这说明什么？

如果你认为本书像其他技术分析书籍，简单给你描述所有的技术图形和对应案例，那你就过于小瞧本书的意义了。任何违背常规的事情都不能逃过我们的慧眼。一般而言，从技术分析的角度讲，放量上涨或者放量下跌，才是正常而有意义的。比如，2016 年 6 月 28 日，新闻报道"A 股放量收涨"，会给投资者以极大信心。而如果在高位，市场放量暴跌，也说明主力正在大规模撤离市场。这样的行为才是正常的，才能给投资者以明确的信号，是市场在趋势向好抑或趋势恶化。可是，市场并非永远是这么理性，它常常违背常规，不为我们所理解。让我们再次回到 2015 年 6 月中旬，此时市场在高位缩量暴跌，到底在提醒投资者什么内容呢？是在暗示这样一种情形吗：虽然市场走势恶化，但主力并没有撤离，所以大众也不必离场，现在的简单暴跌，只是为了日后跳得更好，市场未来趋势仍然一片大好。如果说你在当时草率相信了这种说法，那么从后续市场走势看，这绝对是对投资者的明显误导，随着市场缩量暴跌，后续一路下挫。

这是笔者透露给大家的一点小秘密。有意思的地方在于，因为是秘密，所以不为大众所知，但这一秘密又多次重复出现，不是特例。

让我们再次将视线往前回溯到再之前的两次牛市。笔者十几年的分析经验，最重要的与你分享过很多。这里再插一句，追溯过往是为了指导未来，所以这中间的意义毋庸置疑，但很多人忽略了很多细节。细节出真知，这些细节往往蕴含着秘密，我们要有耐心、沉住气，千万不能着急，应该投入更多的精力到复盘过程中去，发现这些秘密、规律，然后成功抓顶。

我们继续分析 2009 年 8 月初的高点 3478.01。如图 3-48 所示，注意此时在高位处出现的第一根阴线，即当周出现高点 3478.01 的阴线，相较于上周其对应的成交量居然也是缩小的；那么相较于前期上扬过程，成交量也大体持平。之后，市场一路暴跌，成交量极度萎缩。这与我们所理解或者说潜意识以为的一种观点，即高位处应该放量暴跌才对，完全不同。

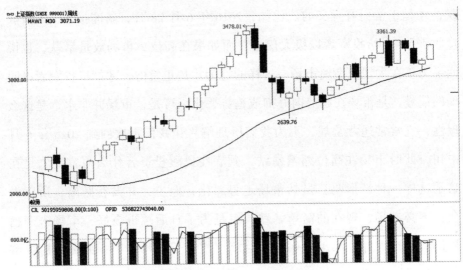

图 3-48　2009 年 8 月初市场走势

事实胜于雄辩。在我们继续回溯前期行情、探寻规律之前，我们在这里再补充一个经典的高位反转信号概念。我们先学习螺旋桨，如图 3-49圆框处所示。

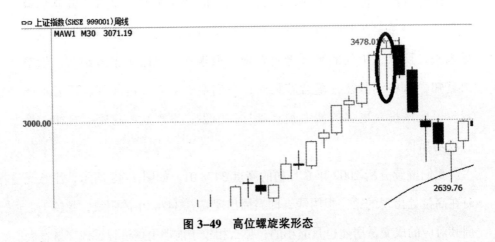

图 3-49　高位螺旋桨形态

首先我们看螺旋桨的技术形态：K 线可以是阳线，也可以是阴线，实体较短，即开盘价、收盘价相近。但 K 线最高价与最低价拉得很开，即上方和下方均有较长上下影线。这种 K 线形状就像飞机的"螺旋桨"，因此被称为"螺旋桨"。股价大幅上涨后，出现这样的 K 线，且随后 K 线在其下影线部位运行，那么头部基本形成，继续下跌的可能性就非常之大。

特别需要注意的是，螺旋桨形态经常会表现出一些假信号，误导大众以为即将反转。比如，如果 K 线在上涨过程中，出现螺旋桨，但之后 K 线走势超过原有螺旋桨形态，则有可能是上升途中的过渡形式，是一种上升中的中继形态，应该耐心等待继续持股观望。

最后我们回顾一下史上第一高点 6124.04 的情况。时间回溯到 2007 年 10 月 19 日当周，让我们一起看一下当时的 K 线走势情况。如图 3-50 所示，同样在高位出现了一根阴线螺旋桨。注意，除了高位经典反转信号，我们前文一再强调要重视连续上涨之后出现的第一根阴线，当然在本例中，高位反转信号与第一根阴线二者相互重合。我们注意到，这第一根阴线相对应的成交量也是缩减，之后的故事一样也是缩量暴跌。

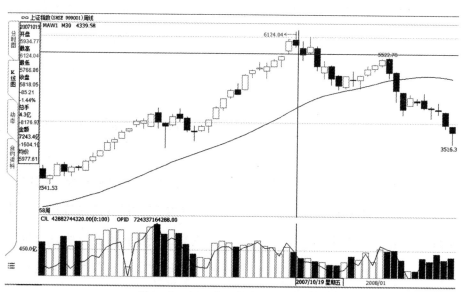

图 3-50　2007 年 10 月下旬市场走势

前文我们花了一点篇幅对内容进行了铺垫，下面具体总结一下相关内容。

第一，最该重视的是连续上涨之后的第一根阴线，并观察其相对应的成交量。这中间有三个关键词，连续上涨、第一根阴线、成交量。我们一一进行解读。第一个关键词，连续上涨。连续上涨是前提，只有涨得越高，日后跌得才越厉害，因为主力会趁着上涨进行平仓离场。当你后知后觉发现市场高空堕落，其实主力早已逃之夭夭。第二个关键词，当连续上涨之后出现的第一根阴线，我们就要注意了。特别要说明，我们需要重视这根阴线有两点，一是这根阴线的前一周K线，是否为高位经典反转K线，比如前文介绍的螺旋桨这样类型的K线形态。二是这根阴线有没有和前一周K线组成反转形态，比如我们之前介绍的平顶。当然，有时这根阴线本身就是高位反转K线，比如前文介绍的大阴线。第三个关键词，这根阴线对应的成交量应该是萎缩的。

这三个关键词非常非常重要，有了前一周高位反转K线，再加上后一周缩量下跌的阴线，或者说二者组成了反转形态，那么百分之百可以断定，顶部出现。当然，我们前文也提到，有些缩量下跌K线本身就是高位反转K线，二者结合在一起，更利于我们的判断，同样百分之百断定就是顶部。

我们看图3-51具体的案例，再次以事实说话，验证我们的分析是否正确。

比如图3-51中十字光标处，这是连续上涨后的第一根阴线。我们再继续观察这根阴线上一周的K线情况，是一根阳线，没有任何特别，不具备反转形态。这根阳线与下一周的阴线也没有组成反转形态。所以，虽然这根阴线当周成交量也是萎缩的，但不是我们认定的反转信号。果然，之后经过两周小幅度下挫之后，市场重新回暖上升。

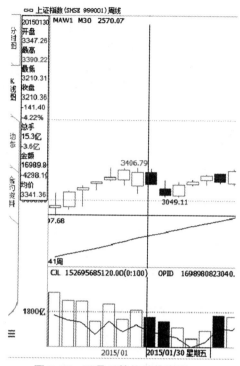

图 3-51 不是反转信号的案例

我们再看一则案例。

图 3-52 的信息量很大。我们可见三个方白框处，分别是高位的三个见顶信号，黄昏之星、螺旋桨、高位大阴线，包括大阴线与前一周 K 线形成的平顶形态。其中黄昏之星最有意义，最应该值得关注。为什么？我们运用前述知识进行详解。一是连续上涨之后出现的第一根阴线；二是出现高位反转信号，黄昏之星；三是相对应的当周成交量是萎缩的。这个见顶信号，比后面的螺旋桨和平顶更有效果一些。我们提到过，想在最高点抓顶非常困难，特别是希望逢顶必抓，更是难上加难。笔者十几年游历市场，见过的牛人数不胜数，但是能在最高点每次成功抓顶的少之又少。虽然在最高点抓顶不可能，但运用笔者传授的方法，在次高点抓顶还是可以

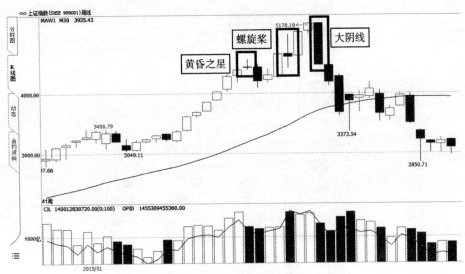

图 3-52 多个高位见顶信号

十拿九稳。比如，我们抓住了这根黄昏之星，大概点位在4400附近，离最高点5178，也不过损失17%，绝大多数利润还在。

我们最后看一则因为成交量而不具备抓顶条件的案例。

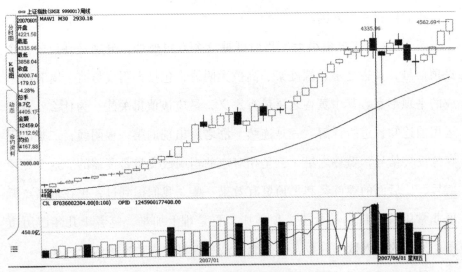

图 3-53 因为成交量而失败的反转信号

我们回溯到图 3-53 所示的 2007 年 6 月 1 日当周。此时，市场经过连续大涨，出现了第一根阴线，注意这根阴线是螺旋桨，具备高位反转的信号。而且当周还创下了新高 4335.96。我们要问了，这是我们希望捕捉的反转信号吗？不是。为什么？从成交量上看，当周是放量下跌。不符合我们一再强调的，反转信号必须是缩量下跌的标准。我们可以勇敢不卖，继续持仓等待，经过近 1 个多月的震荡之后，市场再次向上攀升走好。

从基本分析的角度，我们也可以仔细考虑一下，为什么缩量下跌的阴线意义这么显著呢？我们在前文基本分析之中提到过，当时是以 Shibor 利率和德债收益率为例进行说明的，主力出货的特点不像普通散户那样大甩卖。主力资金不会这么去做。他们会怎么卖？在市场上涨之时，边涨边卖，而我们普通大众是边跌边卖。主力手上的筹码差不多都平仓了，这样市场走势也到头了，一根阴线放出，缩量暴跌开始。

第二，熟读熟记高位经典反转信号。除了之前介绍的大阴线、螺旋桨等高位反转信号，还有像射击之星、倾盆大雨、身怀六甲等 K 线形态，都是我们需要掌握和运用的反转信号。这些都是非常基础的技术分析内容，但这不是本书写作的重点，所以推荐一本经典书籍供大家参考。《股市操练大全》第 1 册——K 线、技术图形的识别和练习专辑，黎航编，上海三联书店出版，网上有售，这是笔者认为在市面上最好的一本讲解 K 线的"宝书"。《股市操练大全》合计有 11 册，不用全买，浪费钱，更重要的是浪费了时间。大家平时工作都很忙，一定要将精力和时间投入到产生最大价值的事情上，比如要学习投资知识，学要学到点子上，别把时间浪费在弯路上面。

大家只用认真学习该书的第 1 册，特别是应该重点掌握第一章 K 线的识别与练习。这一章内容不多，总共才 35 节和 3 个综合练习，囊括了目前 A 股所有的反转和持续形态。根据笔者十余年的经验，底部反转和持续形态你可以不用掌握，因为假信号实在太多，只需着力学习书中介绍的高位反转信号，这些内容不多，争取全部背诵熟记。特别要提醒的是，笔者只是建议你着重学习其中的高位反转信号，不用关心书中所介绍的个股成交量。因为书中均是以个股作为介绍，在这里，个股成交量的意义并不如上证指数一样显著。

该书的第二章技术图形的识别与练习，建议你也不用过多关注，或者根本可以不看。因为，判断一个技术图形的信号，需要等待整个图形全部走完，太费时费力。等其图形形态全部走完显现，行情早就结束，意义不大。

第十一节 四象限行情定位分析法之第四象限

第四象限：加速下跌。"世上如果有后悔药，讲的都是第四象限的故事"。不过如果世上没有后悔的事情，也不会产生那么多凄美的故事和文艺作品。不得不说，大众就是这么奇特。一旦你错过了第三象限之中 K 线在 MA30 徘徊的最后平仓出货时机，那么留给你的只能是无尽的悔恨，因为股价再也无法回到你当年的买价，唯一能做的只能是耐心等待下一次大行情的到来，或多或少地解放你的被套头寸。在第四象限，无论是基本面如何向好，或者谁忽悠你天花乱坠，都无法改变市场暴跌的走势。这就是残酷的现实。

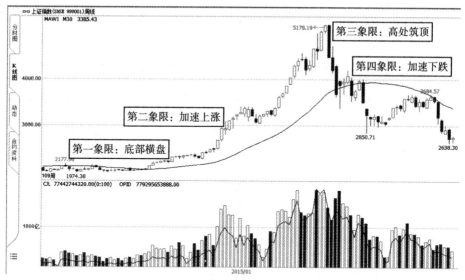

图 3-54 市场在第四象限之中加速暴跌

我们还需要关注的是，不要因为第四象限缩量下跌，而主观以为市场主力尚存，存在较大反弹的可能。笔者在基本分析和第三象限的分析中，已经阐述非常清楚，主力资金最晚也会于第三象限处拉升之后悉数平仓出货。那为什么第四象限之中，还在缩量暴跌？因为都是散户的筹码，数量不大，又捂股不卖，只能尽数被屠。可怜可悲可叹！

不得不救、必须要救。这是本书的宗旨，更是笔者的良心！如果你是散户，现在被严重套牢在第四象限，如何逃脱？向监管层呼吁救市？那也得等到市场重新跌入之后步入第一象限，或许会有 2009 年的好命，国家出个特大利好政策，直接从第四象限拉升至第二象限。可惜这种机会太少太少，凤毛麟角。古话说得好，"自助者天助、自救者天救、自弃者天弃"。任何时候都不要放弃自己，还是那句话，对自己要有信心，勇于在第四象限自救。你不是水平差，更不是智力问题，而是不清楚正确的方法。正确的方法救你于水火，而错误的方法只会将你越带越远，越陷支深。现在笔者将正确的方法公之于众，希望特别引起高位套牢的各位注意。

第一，菩萨避因、凡人避果，坚决不要杠杆。如果你不是专业投资者，在任何时候，包括第一、第二、第三、第四象限，你都不要选择配资等杠杆。杠杆越大，死得越快。特别是如果你在第四象限还没有收手，选择杠杆，直接会加速你的灭亡，分分钟樯橹灰飞烟灭，渣都没有。补充一句，如果你是专业投资者，也不要庆幸。因为很多投资者自诩专业、厉害，比普通散户更容易冲动，选择的杠杆倍速更高。因为杠杆跳楼的，希望你不是下一个。对于这些警示或者说是风险提示，笔者知道，很多人会充耳不闻。就像笔者当年自己看待风险管理一样嗤之以鼻，什么玩意！真正到被市场"打到满地找牙"，才会悔不当初。没有用，晚了。千万不要自诩自己的一点小聪明，聪明反被聪明误。市场之中比你智商高、运气好的人多了去了，他们之中因为没有控制好风险，"十室九空"，自杀、跳楼、消沉一世的人，多了去了。用自己的钱，控制投入的本金，即使全亏也睡得着，有多大能力做多大事。按照笔者教授的方法，有大行情赚个5~10倍。没有大行情，就休息。一张一弛，文武之道。这样的人生岂不乐哉！

第二，如果成本价在第三象限至MA30之间。最佳平仓点，是第四象限起点处，也就是MA30处。我们在第三象限讲解之中分析过，K线会在MA30徘徊一段时间，甚至还会有反弹。此时即使略有损失，仍要下定决心，快刀斩乱麻，全部平仓，以免市场进入第四象限之后亏损更加放大。如果已经跌破MA30，也就是市场已经进入第四象限，你还没有平仓，建议暂时不动，耐心等待市场暴跌后的第一次反弹。

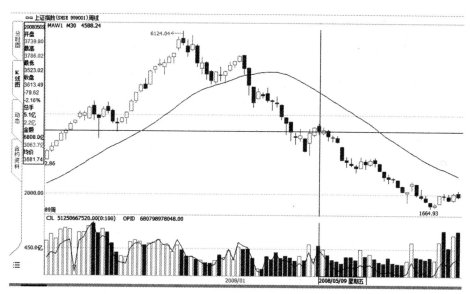

图 3-55　重视市场在第四象限之中的第一次反弹

如图 3-55 所示。比如，2008 年市场进入第四象限大熊市，在快速跌破 MA30 之后，历经 13 周、3 个多月连续暴跌，终于企稳上升，开启了第一轮反弹。所以说，进入第四象限之后，千万不要慌，耐心等待反弹。但是，反弹能够持续多长时间，到达何种高度，只有天知道。例如图 3-55 十字光标处，市场在短暂反弹之后到达最高位 3786.02，继续下挫。之后几乎再也没有反弹过，一路到达最低点 1664.93。惨不惨？惨！你还敢参与第四象限的行情吗?！所以，如果第一次反弹之后，你的仓位亏损只有 40% 以内，建议你干脆挥刀自宫，直接全部斩仓。留得青山在，不怕没柴烧。

如果反弹之后你的仓位仍然亏损高达 40% 以上，那唯一的建议或者说是方法，就是先死扛，直到市场跌入底部，进入第一象限之后，逢低补仓，摊平成本。如果市场仍处于第四象限，千万不能听从其他人的意见，逢低补仓。因为市场还没有跌透，还有巨大的下行空间，在第四象限补仓就好比无底洞，没有尽头。一定要在市场真正企稳之后，进入第一象限，利用市场震荡，在价格低位补仓。到底价格低位在哪里？大众凡事都喜欢精确到确定。比如，别人问你，晚上几点吃饭？如果回答，晚上七点至八点，就不是一个好答案。只有确定回答晚上八点，才能获得对方满意。同样的道理。什么是价格低位、价格低位到底在哪儿？你要问，是跌到最高点的20%、30%的价格补仓？虽然你可能会不满意，但笔者不能欺骗你，这个实在无法精确到某个确定价位。这个笔者很难回答。笔者唯一只能确定性告诉你，根据第一象限的特征，判断市场进入第一象限之后，你即可补仓。补仓的主动权在你手上，不要妄图总是依据量化指标来判断行情，没有用。比如有些投资者使用斐波那契数列，即黄金分割线判断市场的底部、反弹点、补仓点，没用！实践出真知，你自己使用一二便知。市场就如同战场，永远变幻莫测。确定性的规律，笔者已经全部帮你总结了，第一、第二、第三、第四象限。不确性的东西，我们要利用市场的特征，来辨识股市地图，市场现在到哪儿了，下一步将去哪儿。

第三，成本价在MA30与第一次反弹之间。当断不断、反受其乱。谁也不会清楚市场会反弹至何位，建议你在市场开始企稳反弹之后，按照每次5%~10%的头寸量择机逢高平仓。什么价位平仓合适？笔者告诉你，没有任何确定性的价位是合适的，在第四象限所有的价位都不合适，都会产生亏损。此时谁也帮不了你，只能是逢高慢慢平仓出货，少亏一点是一点。

第四，成本价在第一次反弹价格之下。如果出现这种情况，百分之百就是你妄图在第四象限火中取栗，利用反弹抄底。可以断言，在第四象限抄底百分之百等于送死，有去无回，肯定套牢。仍然是建议你，如果亏损不大，亏损在40%以内，干脆直接斩仓。亏损超过40%，那也唯有死扛，眼不见为净，静静等待市场进入第一象限，逢低补仓了。时间周期会比较长，要有耐心，等待下一波大行情。千万要谨记，一定要在下一波行情的第三象限全部平仓出货，此时即使仍是亏损，亏损也不至于太大，如果不想再等待一波行情，马上平仓出货。如果略有盈利，也不要妄想获得更大利润，以免市场再次进入第四象限套牢。

后记　兼论在大时代中如何逆袭

就是这样，亲爱的读者朋友。谢天谢地，本书到这里终于顺利完结。不知读完之后你是否满意？

当我们再次回顾全文，通篇只有一个关键词：主力。投资需要跟随主力，搭上主力的便车，进入主力的快车道。人的一生只要牢牢把握几次主力行情，几代人都会衣食无忧、锦衣玉食。股市的大行情我们已经谈了很多，笔者无意多言。在这里，笔者想提醒你的是，主力这个概念不只针对股市。比如，2008 年你在北上广买了房，或者再远一点 2000 年你在山西买了矿。随着后续行情的爆发，你会怎样？如果真是这样，在每个投资时点，你都抢占先机，与主力为伍，你现在早已成功。或者你已经顿足捶胸，悔不当初没有眼光，没有下手。什么叫作眼光？眼光，就是看准。看准什么？看准主力的动向，哪个市场或者品种要涨，冲进去就是了。时代的弄潮儿，永远与时代为伍。哪里有主力，哪里就有弄潮儿。我们再来看几则案例，1978 年改革开放，深圳特区开始发展外贸经济，大量港澳台资金投资办厂，冲进去；2001 年中国加入世贸组织，大量资金和劳动力开始集中在北上广，冲进去；2005 年前后特大牛市，冲进去。所以，不是时代造就了人，也不是人造就了时代，而是主力造就了时代和相对应的弄潮儿。

　　人人都渴望逆袭。但逆袭需要科学的方法。有一本很有意思阐述成功规律的书，推荐给大家。《异类：不一样的成功启示录》，马尔科姆·格拉德威尔著。书中介绍了一个很值得我们重视的案例，也说明了这个道理。

　　如果把主力创造的时代称之为机遇的话，我们首先来回顾 19 世纪中期的机遇。这个时候，大量资本——我们可以称其为熟悉的名字：主力，创造了当时美国经济最繁荣的时代之一。当时，这些资金被广泛投资于铁路和制造业，旧的经济体制被打破，新的经济体制被架构，一切看起来都那么美好。如果此时你正好 20 多岁，精力无限，身体好，没有结婚、没有孩子，没有太大负担，愿意去冒险、创新，那么机遇就在眼前。如果你此时已经 30 岁以上了，有一个不错的稳定工作，有一群孩子，天天老婆孩子热炕头，你会放手一搏吗？机遇只能跟你说拜拜了。当然，仅有机遇还不行，机遇都是别人的。只有最重要的，你具有无与伦比的眼光，你探寻出资本的嗅觉要朝向谁，大量资本将投向谁。当市场主力资金入场时，你同时同步进入；或者你就是走了"狗屎运"，已经身在大量资金进入的行业。好吧，你就发达。

　　如果我们还要举一个例子，那就是回到 1975 年 1 月。此时，个人电脑（PC）被发明出来。越来越多的资本开始关注于此，也就是市场主力开始逐渐大量进入这个行业。绝佳的机遇。回到此时，你能抓住吗？用书中的话说，"如果 1975 年的时候，你的岁数比较大了，那么你已从大学毕业就可能在 IBM 上班了，丝毫不可能了解正在进行的变革。你会过着舒适的生活，这自然不可能有机会成为亿万富翁，也不可能影响整个世界"。所以，到 1975 年时，你最好处于这样的年纪：不要太年轻，比如读高中，不可能赶上这次革命；但也不能太老，不能错过了这次革命。在 1975 年，你最好是 20 岁上下，也就是最好出生在 1954 年或者 1955 年。比尔·盖茨何时出生？1955 年 10 月 28 日。他的好友保罗·艾伦，1953 年 1 月 21 日出生。不要走开，我们再继续来看其他大佬的出生日期。苹果创始人，史蒂夫·乔布斯，1955 年 2 月 24 日出生。Google 首席执行官，埃里克·施密特，1955 年 4 月 27 日出生。太阳微系统创始人，比尔·乔伊，1954 年 11 月 8 日出生。

我们常常以为，这些大佬的成功纯粹是由于他们出类拔萃的潜质。很抱歉，笔者再次提醒你，主力造就时代，造就弄潮儿。如果不是主力的作用，带来的资本支持和市场热情，比尔·盖茨可能不会面对艰苦的计算机开发，那么他就有可能会去研究自然科学，或者是一名看起来更有前途的公务人员。所以，投资、就业，都需要到主力集中的市场和行业。永远记住，不是你有多能干，而是主力给你提供了一个天然的优势平台。请你自己感悟。

当然，笔者已过而立之年，早已超过了 20 岁，不要紧！如果你同样已经超过 20 岁，同样希望如同笔者一样渴望发现主力踪迹，那么笔者告诉你，股市不同于其他行业，在这里年龄绝对不是问题。唯一的问题是需要你一直保持开放心态、灵活的头脑和探寻主力的正确方法。

按照笔者的写作计划，本书只是完成了行情分析的介绍，告诉大家如何判断行情，捕捉行情。但实际上，我们离高手仍然有很长的路要走。读者若要学习如何从市场深入到具体个股，学习资金管理、投资执行的情绪管理，并进一步做好和完善投资总结工作，敬请关注笔者的下一本著作《高手进阶》（暂命名），它也是本书的姊妹篇，将于 2017 年春节前出版。

最后，笔者在此发大愿，愿尽笔者之力帮助所有读者顺利实现投资梦想，识破各种骗局，安然度过历次股灾，丰足顺心、平安快乐过完一生。

谢谢。

2016 年 7 月 1 日于北京慈寿寺